KB076491

영화교육과 영화 리터러시

아모르문디 영화 총서 15

영화교육과 영화 리터러시

초판 펴낸 날 2021년 9월 10일

지은이 | 이아람찬
펴낸이 | 김삼수
편 집 | 김소라
디자인 | 최인경

펴낸곳 | 아모르문디
등 록 | 제313-2005-00087호
주 소 | 서울시 마포구 성미산로13길 87 201호
전 화 | 0505-306-3336 팩 스 | 0505-303-3334
이메일 | amormundi1@daum.net

ⓒ 이아람찬, 2021 Printed in Seoul, Korea

ISBN 979-11-91040-11-1 94680
ISBN 978-89-92448-37-6(세트)

아모르문디 영화 총서·15
Amormundi Film Books

영화교육과
영화 리터러시

이아람찬 지음

아모르문디

'아모르문디 영화 총서'를 시작하며

영화가 탄생한 것은 1895년의 일입니다. 서구에서 영화에 대한 이론적 담론은 그로부터 한참 뒤인 1960년대에야 본격화되었습니다. 한국에서는 1980년대 후반의 일이었습니다. 대학원에 영화학과가 속속 생겨나면서 영화는 비로소 학문의 영역으로 들어왔고 연구자들에 의해 외국 서적들이 번역·소개되기 시작했습니다. 1990년대 중반까지만 해도 외국어로 된 책을 가지고 동아리 모임이나 대학원에서 함께 공부하고 토론했던 기억이 새롭습니다. 매일 선배나 동료들에게 애걸복걸하며 빌리거나 재복사를 한, 화면에 비가 내리는 비디오테이프를 두세 편씩 보고서야 잠이 들고 다른 언어로 된 이론서를 탐독하며 보냈던 시절은 어느덧 지나간 듯합니다. 이제는 구할 수 없는 영화가 없고 보지 못할 영화도 없습니다. 그럼에도 오늘 한국의 영화 담론은 어쩐지 정체되어 있는 듯합니다. 영화 담론의 장은 몇몇 사람들만의 현학적인 놀이터가 되어가고 있는 느낌입니다.

최근 한국의 영화 담론은 이론적 논거는 부실한 채 인상비평만 넘쳐나고 있습니다. 전문 영화 잡지들이 쇠퇴하는 상황에서 깊이 있는 비평과 이해는 점점 더 찾아보기 어려워지고 있습니다. 대학과 현장에서 사용하는 개론서들은 너무 오래전 이야기에 머물러 있고 절판되어 찾아보기 힘든 책들도 많습니다. 인용되고 예시되는 장면도 아주 예전 영화의 장면들입니다. 영화는 눈부신 속도로 발전하고 있는데, 그에 대한 이론적 논의는 그 속도를 따라가지 못하는 형국입니다. 물론 이론적 담론이 역동적인 영화의 발전 속도를 바로바로 따라잡기란 쉽지 않은 일입니다. 그럼에도 당대의 영화 예술에 대한 깊이 있는 이해는 비평적 접근을 통해서만 가능하다고 믿습니다. 이에 뜻을 함께하는 영화 연구자들이 모여 '아모르문디 영화 총서'를 시작하고자 합니다.

'아모르문디 영화 총서'는 작지만 큰 책을 지향합니다. 책의 무게는 가볍지만 내용은 가볍지 않은 영화에 관한 담론들이 다채롭게 펼쳐질 것입니다. 또한 영화를 이미지 없이 설명하거나 스틸 사진 한두 장으로 논의하던 종래의 방식을 벗어나 일부 장면들은 동영상을 볼 수 있도록 기획하였습니다. 예시로 제시되는 영화들도 비교적 최근의 영화들로 선택했습니다. 각 권의 주제들은 독립적이면서도 서로 연관관계를 갖도록 설계했습니다. '아모르문디 영화 총서'는 큰 주제에서 작은 주제들로 심화되는 방향으로 구성되어 있습니다.

정체되어 있는 한국 영화 담론의 물꼬를 트고 보다 생산적인 논의들이 확장되고 발전하는 데 초석이 되었으면 하는 것이 '아모르문디 영화 총서'의 꿈입니다. 영화 담론의 발전이 궁극적으로 영화의 발전을 가져올 것이고 그 영화를 통해 우리의 삶이 더 풍요롭고 의미 있는 것이 되었으면 합니다.

기획위원 김윤아

들어가는 글

영화교육은 크게 영화에 관한 교육(Teaching about film) 과 영화를 활용한 교육(Teaching through film)으로 나뉩니 다. 먼저, 영화에 관한 교육은 영화를 중심으로 하는 감상 및 창작 교육으로서 영화 리터러시 교육이라 할 수 있습니다. 한 편 영화를 활용한 교육은 여러 교과에서 영화를 이용해 해당 교과 내용을 전달하는 교육을 말합니다. 다시 말해 영화교육 은 영화에 대한 교육이라는 면도 있지만, 다른 교과를 위한 도구적인 역할도 합니다. 이러한 측면은 영화교육에 대한 이 해를 더욱 어렵게 만들기도 합니다.

영화교육은 영화 리터러시를 통해서 영화를 비롯한 다양한 플랫폼에서 제공되는 이미지나 영상을 교육하는 것입니다. 영화를 시작으로 TV, 애니메이션, 웹툰, 앱, 유튜브 등이 모 두 영화교육에 포함됩니다. 이를 위해 카메라, 스마트폰, 컴 퓨터, VR, 드론, 3D 프린터 등 다양한 장비를 수업에 활용하 기도 합니다. 이처럼 영화교육은 21세기에 맞는 교육으로 진 화하고 있습니다. 영화교육은 핸드폰을 비롯한 모바일 디바 이스를 어떻게 잘 사용할 것인가를 가르치는 교육이기도 합 니다. 학부모들은 자녀가 핸드폰을 사용하는 것을 마땅치 않 게 생각하는 경우가 많습니다. 왜 그럴까요. 학생들이 핸드폰 을 제대로 사용하지 못하기 때문입니다. 다시 말해 게임과 유튜브를 비롯한 특정 애플리케이션만 사용하기 때문입니다. 그렇다면 핸드폰의 다양한 기능을 알려주고 올바르게 사용하는 법을 가르칠 필요가 있겠지요. 하지만 현재 이런 교육은 제대로 이루어지고 있지 않습니다. 이러한 역할 또한 영화교육의 영역 중 하나입니다.

학교 교육과정에서는 직접적으로 드러나지 않지만, 교실 수업에서 영화교육은 매우 빈번하게 이루어집니다. 여기서 바로 영화교육에 대한 편견이 시작됩니다. 누구나 영화교육을 할 수 있다고 생각하는 것이죠. 또 다른 편견은 바로 영화교육을 단순히 영화를 보여주는 수업으로 착각하는 경우가 많다는 데서 비롯됩니다. 자투리 시간에 보여주는 시간 보내기 식 영화 감상, 학기말이나 학년말 남는 시간에 보여주는 영화. 이것을 진정한 영화교육이라고 하긴 어렵겠죠.

영화교육의 시작은 적절한 등급에 맞는 영화 텍스트를 개발하는 것입니다. 내용이 교육과정과 관련이 있다고 해서 교육대상에게 맞는 영화인 것은 아닙니다. 그것을 검증하는 것은 오로지 교사의 책임입니다. 교사는 규칙에 엄격해야 합니다. 예를 들어, 개인이 초등학교 5학년인 자녀나 조카와 함께 극장에서 12세 등급의 영화를 보는 것은 선택의 자유입니다. 하지만 교사로서 교실에서 5학년 학생들에게 12세 영화를 보여주는 것은 부적절한 행위일 수 있습니다. 모든 부모가 자녀에게 12세 등급의 영화를 보여주기를 허락하지는 않기 때문이죠. 이에 대한 논란도 이 책에서 다루려고 합니다.

앞서 언급했지만, 영화교육은 영화를 비롯한 다양한 플랫폼에서 사용되는 이미지나 영상을 교육적으로 다루는 것을 의미합니다. 제4차 산업혁명과 관련해서 영화교육의 확장은 매우 활발하다고 할 수 있습니다. 가장 많이 언급되는 예로 유튜브를 들 수 있습니다. 초등학교 아이들이 가장 선호하는 직업이 바로 유튜브 크리에이터입니다. 유튜브 크리에이터는 영상제작에 대한 기술적 이해를 바탕으로 콘텐츠 소비자의 니즈를 고려하여 활동합니다. 비록 단순한 작업일지라도 상업적인 영화나 영상제작 과정에서 이루어지는 기본적인 제작 형태가 적용됩니다.

앞으로 영상에 대한 소비나 제작이 더욱 활발해질 것은 분명합니다. 하지만 현재까지 교육부에서는 영화교육의 필요성을 인식하는 일에 매우 소극적이거나 무관심으로 일관하고 있죠. 새로운 교과목의 개설도 중요하지만, 기존 교과 영역에서도 영화교육과 관련된 내용을 점차 확대할 필요가 있습니다. 예를 들면, 기존 국어교과에서 영화를 비롯한 영상에 관해 다루는 경우가 점차 증가하고 있습니다. 이는 국어교과의 성격과도 관련이 있습니다. 비단 국어교과뿐 아니라 기타 교과에서도 영화교육과 영화 리터러시에 관한 관심의 증가로 이러한 경향이 많이 나타나고 있습니다.

앞으로 초등학교에서는 국어를 비롯한 여러 교과 영역에서 영화교육이 이루어질 것으로 보입니다. 중학교는 자유학년제, 창의적 체험학습, 서울시와 경기도 교육청에서 진행하고 있는 문화예술교육의 틀 속에서 연극이나 뮤지컬과 함께 영화 학습의 기회가 늘어날 것입니다. 고등학교에서는 고교학점제를 통해 영화교육이 영역을 확고하게 형성할 것입니다. 영화교육이 필요한 만큼 제공되느냐는 매우 중요한 문제입니다. 영화교육은 학생들이 원하는 만큼 제공되어야 합니다.

영화교육은 시대에 발맞추어 진화하고 있습니다. 영화의 탄생이 기술의 발전과 함께 이루어졌듯이 영화교육도 다양한 기술의 발전과 함께 진화해나갈 것입니다. 영화가 처음에 예술로서 인정받지 못했던 것처럼 영화교육도 오랫동안 교육으로서 인정받지 못했습니다. 하지만 지금은 많은 부분이 달라졌습니다. 영화는 아주 중요한 대중 예술의 한 영역이 되었고, 영화교육도 그 활용 정도가 매우 견고해졌습니다. 이것이 바로 영화교육의 수월성이라고 말할 수 있습니다.

이 책은 그동안 축적된 영화교육에 관한 다양한 연구를 바탕으로 정리하였습니다. 특히 이 책에 언급되고 있는 내용은 「영화진흥위원회」(2019), 「초·중·고 교실에서 영화 사용에 관한 연구」(2021), 「학교 영화교육과 영화 리터러시」(2019), 「한국 영화교육의 역사적 궤적」(2011), 「영화교육의 개념 (재)정의하기」(2018), 「교육영화란 무엇인가」(2015), 「교육적 텍스트로서의 예술영화」(2010) 등의 논문을 수정·보완한 것입니다.

1장 영화교육 (재)정의하기

지금까지 기성세대는 국어, 영어, 수학 중심의 지식 교육을 놓고 치열하게 경쟁하고 그 결과를 통해 평가받았습니다. 하지만 앞으로 도래할 교육은 주어진 문제를 기계적 또는 수동적으로 풀어내는 데 급급하지 않고 스스로 문제를 찾아 해결하는 능력이 중요시되고 있지요. 제4차 산업혁명시대에 필요한 교육은 어떤 것일까요. 지금 학교에서는 이른바 과학과 예술의 융합이라는 STEAM 교육*을 통해 제4차 산업혁명을 이끌어갈 창의융합인재 양성을 준비하고 있습니다. 기존의 축적된 지식과 기술을 창의적 아이디어로 융합하는 기술이 바

---

* STEAM 교육은 과학·기술·공학·수학을 통합적으로 가르치는 STEM 교육에 Art(예술)를 추가한 것입니다.

로 제4차 산업혁명의 핵심일 것입니다. 유럽이나 미국에서는 창의적 교육 프로그램의 일환인 과학과 예술의 융합을 사이 아트(SciArt)라고 부르는데, 여기에도 예술이 빠지지 않습니다. 예술적 감성과 같은 인간적 속성은 미래교육에서 더욱더 중요하게 다루어질 것입니다(최연구, 2017).

우리나라에서는 2015 개정교육과정을 통해 보통교과 일반 선택 연극 과목이 2018년 처음으로 고등학교에 소개되었습니다. 연극이 새로운 교과로 진입할 수 있었던 것은 바로 예술교육의 확대라는 시대적 흐름을 거스를 수 없었기 때문입니다. 연극교육처럼 영화교육이 공교육에 진입하기 위해서는 여러 단계를 거쳐야 할 것입니다. 각 단계별로 수많은 난관이 도사리고 있을 것도 자명해 보입니다. 또한 영화계 내부에서 해결할 수 없는 영역도 분명 있을 것입니다. 무엇보다 시급한 것은 영화계 내부의 역량을 키우고 공교육에서 영화교육을 활성화하는 데 힘을 모으는 일입니다. 다음은 고등학교 보통 교과로 지정된 『연극』 교과서의 저자 서문 내용입니다.

새로운 교육과정에 '연극' 교과가 신설되었다고 해서 교육의 문제가 단번에 해결되진 않을 것이다. 다만 기쁠 뿐이다. 사설 학원에서 고액의 학원비를 낼 수 있는 아이들만 배우던 연극이, 학교에 연극반이 있어도 소수 동아리 학생들만 참여하던 연극이, 막연한 관심과 설렘을 가진 아이들이 배움의 기회에 닿을 수 없어 바라보기만 했던 연극이, 이제 원한다면 학교에서 배울 수 있게 되었다는 사실이 기쁠 뿐이다. 그리고 또 감사할 뿐이다. 하루 종일 딱딱한 의자에 앉아 있어야 했던 아이들이 움직일 수 있는, 누구누구가 했던 말들과 행동들을 밑줄 긋고 외워야 했던 아이들이 자신의 이야기를 할 수 있는, 수동적으로 다른 사람의 말을 듣는 순응적인 인간을 만드는 교육의 현장이 자신의 몸을 다른 사람들 앞에 내보이며 자신의 말을 당당히 주장할 수 있는 인간을 만드는 현장이 되는 것 같아 감사할 뿐이다(오세곤, 2018).

지난 수년간 연극교육이 이룩한 성과를 옆에서 지켜본 입장에서 부럽지 않을 수 없습니다. 교과서 서문은 연극 교과가 신설되었다는 기쁨보다는 학생들의 몸과 마음을 움직일 수 있는 교육으로 우뚝 서겠다는 다짐으로 충만합니다. 연극교육이 이렇게 성과를 낼 수 있었던 것은 연극계의 풍부한 인적 자원과 그들의 일관된 노력 덕분일 것입니다. 하지만 이러한 성과를 내기까지 수많은 난관에 부딪히기도 했습니다. 가장 큰 난제는 기존 예술교육의 카르텔을 깨는 것이었다고 합니다. 이것은 영화교육도 마찬가지일 것입니다.

실제로 '2015 음악미술교육과정개정안반대투쟁위원회(이하 반대투쟁위원회)'를 중심으로, 고교 교과목 가운데 기존 음악·미술 예술과목에 연극을 추가하는 교육부 개정안은 교육 현장의 의견을 제대로 반영하지 않은 밀실 행정의 결과라며 신설 철회를 요구하기도 했습니다. 반대투쟁위원회는 "연극을 예술교육에 포함하려면 일반교육학과 연극교육학, 전공

분야 등을 4년 이수하고, 교육실습과 임용고사를 거친 교사를 충분히 양성한 뒤 시행해야 한다"고 주장하기도 했습니다. 하지만 교육부는 학생들의 인문학적 상상력과 창조력을 향상하고 과목의 다양성을 통해 선택의 폭을 넓히기 위함이라는 입장을 고수했습니다(이준호, 2014). 이것은 당시 연극교과가 고등학교 일반선택 과목으로 지정되면서 음악과 미술 교육계의 반발이 직접적으로 표현된 것입니다. 하지만 반대투쟁위원회의 주장은 연극교육에 대한 팩트 체크가 제대로 이루어지지 않아 논리적 당위성이 매우 부족했지요. 구체적으로 연극·영화는 교직과정을 개설하여, 임용시험을 거친 교사를 2000년 이후 계속 양성하고 있었습니다. 이를 통해 연극교육은 새로운 교과로 진입하기 위한 연극의 교육적 가치를 주장하는 것 외에 인접 타 교과에 대한 이해를 높이는 한편, 통합예술교육에 대한 고민도 함께 시작했습니다. 이것은 비단 연극교육에 한정된 문제이기보다는 예술교육의 근본 가치에 대한 논의로, 영화교육에서도 깊이 고려해야 할 부분입니다.

한편, 영화 분야에서 다양한 미디어를 포함한 영화교육의 확대는 비교적 최근에 이루어지기 시작했습니다. 한국문화예술교육진흥원의 예술강사 지원 사업은 2000년도 국악 분야 예술강사 지원 사업으로 시작해 2002년 연극 분야, 2004년 영화 분야까지 확대되었습니다. 이어 2005년부터는 기존 국악, 무용, 연극, 영화와 더불어 만화애니메이션까지 5개 예술 분야로 확대 시행되었죠. 2010년부터는 기존 5개 분야와 더불어 공예, 사진, 디자인이 추가되어 현재 총 8개 예술 분야에서 예술강사 지원 사업이 이루어지고 있습니다. 현재 이 사업을 총괄하는 곳은 2005년 문화예술교육지원법에 따라 설립된 한국문화예술교육진흥원입니다. 한국문화예술교육진흥원의 영화교육은 학교 전교급에서 골고루 이루어지고 있으며, 2007 교육과정에서는 기본교과를 제외한 대부분의 형태에서 예술강사 지원이 이루어지고 있습니다. 한편 2009년 개정교육과정에서는 기존의 특별활동과 재량활동을 통합하여 창의적 체험활동으로 운영되고 있습니다. 한국문화예술교육진흥원의 자료에 따르면, 지난 15년 동안 영화교육은 매년 200여 명의 강사가 400여 개의 학교에서 5만여 명의 학생과 함께 진행한 것으로 추산됩니다. 이처럼 학교교육에서 광범하게 진행된 영화교육은 한국문화예술교육진흥원이 이루어낸 성과라고 할 수 있습니다. 그동안 전문가 양성을 위한 영화교육에 치중했던 영화교육에 대대적인 패러다임 전환이 이루어진 것입니다. 이와 함께 영화교육의 대상에 대한 제한이 사실상 없어지게 되었습니다.

앞서 언급했던 것처럼 한국문화예술교육진흥원이 진행하고 있는 학교문화예술교육 지원 사업에서 영화교육은 선택교과(기본 교과 외에 학교에서 자율적으로 선택하는 교과), 창의적 체험활동(자율활동, 동아리활동, 봉사활동, 진로활동 등 포함), 토요동아리 수업, 초등학교 돌봄교실 등 다양한 형태로 이루어지고 있습니다. 학교문화예술교육에서 영화교육 수업은 해당 분야 예술 전문성과 학교의 교육과정별 특성을 토대로 학교 담당교사와 협력하여 예술강사가 연간 프로그램을 운영하고 있습니다.

지난 15년 동안 영화교육은 그 범위와 대상을 상당부분 넓혀왔습니다. 한국문화예술교육진흥원의 영화교육 프로그램도 안정적으로 진행되고, 영화를 가르치는 예술강사의 양성도 제도적으로 뒷받침되고 있기 때문입니다. 하지만 이것이 영화교육의 전부라고 말하기에는 어렵습니다. 현재 한국문화예술교육진흥원의 영화교육도 정체기를 겪고 있습니다. 구체적으로 영화교육을 담당하는 예술강사의 수와 학교 수가 지난 10년간 제자리걸음을 하고 있습니다. 이것은 한국문화예술교육진흥원의 지원 예산과 관련되어 있기 때문에 더는 확대하기 어려운 구조적 문제라고 할 수 있습니다. 한국문화예술교육진흥원이 펴낸 자료에 따르면, 연극이나 무용, 그리고 만화애니메이션과 비교해 턱없이 적은 지원을 받고 있는 것도 사실입니다. 구체적으로 보면 2016년 연극의 경우 2,246개 학교, 907명의 강사, 261,094시간의 수업시수, 같은 해 무용의 경우 2,340개 학교, 1,061명의 강사, 316,052시간의 수업시수 등 격차가 더 벌어지고 있습니다.

학교문화예술교육으로서 영화교육이 청소년들의 발달에 긍정적인 영향을 미치고 있는 것은 주지의 사실입니다. 그런데도 학교문화예술교육에서 영화교육은 공교육 시스템 내에서 그 목표나 가치에 대한 합의가 부재하고 예술강사 중심의 정책이 시행되고 있습니다. 교사 협력의 문제, 사업수행 방식의 문제, 문화체육관광부 및 관련 부처의 협력체계 부족 등 지난 10여 년간 학교문화예술교육 지원 사업의 한계 등은 향후 시급히 해결해야 할 과제입니다(윤혜란, 2015).

한국문화예술교육진흥원에서 제공하는 영화교육은 크게 두 가지 범주로 구분할 수 있는데, 바로 학교문화예술교육과 사회문화예술교육입니다. 문자 그대로 학교문화예술교육은 공교육의 체계 내에서 이루어지는 영화교육으로 초·중등학교 학생들이 교육 대상입니다. 반면, 사회문화예술교육은 학교 밖에서 이루어지는 영화교육으로 아동과 성인 모두를 대상으로 합니다. 영화교육의 수요와 필요성은 매우 높게 나타나고 있지만, 국내에서 영화교육에 대한 논의는 그간 많지 않았습니다. 한국문화예술교육진흥원 주도의 영화교육은 더 이상 확대하기 어려운 구조로 진행되고 있어서 공교육 내 청소년 영화교육에 대한 고민과 새로운 패러다임에 대한 논의가 필요한 시점입니다. 이러한 상황 인식하에서 이 장에서는 학교교육에서 영화교육의 필요성 및 목표를 설정하고, 이에 따른 영화교육의 개념을 (재)정의하고자 합니다. 그동안 영화교육의 개념은 영화라는 텍스트를 뛰어넘어 다양한 형태의 플랫폼에 교육적으로 접근하기에 이르렀습니다. 이러한 관점을 가지고 영화교육과 매우 유사한 미디어교육과의 관계도 새롭게 설정할 수 있습니다.

1. 영화교육의 필요성과 목표

영화를 비롯한 영상 이미지는 지금까지 발명된 가장 획기적이고 강력한 소통의 수단으로 받아들여지고 있습니다. 인터넷이 보편화한 1990년대 이후 출생한 사람들의 경우 문자보다 영상 이미지를 일상적으로 접하며, 학습의 도구로도 많이 활용하고 있음을 간과할 수 없습니다. 영국, 프랑스, 캐나다, 호주 등의 국가에서는 이미 1950년대부터 꾸준히 영화교육의 중요성을 인식하고 영화교육, 시각예술, 미디어교육이라는 이름으로 학교에서 제도적으로 영화교육을 시행하였습니다. 한국에서는 1953년 서라벌예술학교의 설립과 더불어 전문인 양성을 목적으로 영화교육을 시작했습니다. 이를 우리나라 제도권 영화교육의 출발점으로 삼기도 합니다. 이후 많은 대학에서 영화학과를 신설했으며, 교양수업에서도 '영화의 이해'와 '영화와 사회' 등의 영화 강좌가 개설되고 있습니다. 이처럼 고등교육에서 영화교육은 질적으로나 양적으로 커다란 발전을 이뤄왔습니다.

하지만 고등교육에서의 영화교육의 성장 이면에는 그동안 중등학교에서 영화교육은 거의 이루어지지 않았다는 문제점도 함께 존재합니다. 물론 일부 예술계 고등학교와 초·중등학교를 중심으로 영화교육을 진행하였지만, 유의미한 수치라고 볼 수는 없죠. 이것은 영화가 현대인에게 미치는 영향에 비해 문화예술교육으로서 영화교육의 인식은 상당히 지체되었다는 것을 보여주는 대표적인 사례라고 할 수 있습니다(이아람찬, 2005). 아래는 조벽(2015)이 미디어교육과 관련해서 언급한 부분입니다.

세상이 많이 달라졌습니다. 현재 한국인이 하루 평균 접하는 미디어의 종류와 시간이 실로 놀랍습니다. (중략) 우리는 매일 총 10시간 18분이나 되는 엄청난 미디어 메시지의 '공격'을 받습니다. 다양한 정보통신기술의 미디어를 통해 문자만이 아니라 그림, 색깔, 소리, 움직임 등 오감을 자극하는 다차원적인 메시지가 사람을 현혹하는 세상입니다. 짧고 강한 메시지가 판을 칩니다. 사람이 생각할 틈을 주지 않고 말초신경만 자극하는 메시지가 끊임없이 이어져 나옵니다. 고속으로 밀려드는 메시지 홍수를 긴급 처리하기 바쁜 나머지 깊은 분석과 현명한 판단은 포기 상태입니다. 메시지를 누가 만들었고, 누가 보냈는가. 어떻게 나의 주의력을 끌었는가. 다른 관점이 존재하거나 다른 사람은 어떻게 달리 인식하는가. 메시지에 어떤 가치관이 내포되었는가. 그리고 왜 메시지를 보냈을까. 이러한 근본적인 질문을 할 여지가 전혀 없습니다. 그저 자극적인 메시지가 동물적인 반응만 촉발합니다. 세계적인 베스트셀러 『죽음의 수용소에서』의 저자인 빅터 프랭클은 자극과 반응 사이에 선택의 여지를 지닐 수 있으며, 그 여지를 지닐 때 성장과 자유가 있다고 하였습니다. 동물과 노예에게는 선택의 여지가 없습니다. 자유로운 인간으로 살아가기 위해서는 정서를 느낄 겨를과 사색할 시간이 필요한 게지요. 아마 그래서 메시지는 때때로 두뇌를 우회하여 아무 생각 없이 통째로 복사되고 리트윗됩니다.

이 주장대로, 현대인은 미디어의 홍수에 떠밀려 허우적거리거나 실낱같은 물건에 의지해 부유하는 모습을 보입니다. 누구나 이런 상황을 인식하고 있지만, 이에 대한 해결책은 가시적으로 나타나지 않고 있죠. 이런 가운데 영화를 비롯한 다양한 미디어를 아우르는 스마트폰의 위력은 나날이 커지고 있습니다. 스마트폰은 모든 미디어 장치의 통합 플랫폼으로 자리를 잡아가고 있습니다.

관련 조사에 따르면 한국인의 하루 평균 스마트폰 이용 시간은 3시간, 한 달 평균 사용 앱은 45개로 나타났습니다. 연령별로 살펴보면 20대가 평균 이용 시간이 4시간 9분으로 가장 길었고, 30대(3시간 21분), 10대(3시간 18분), 40대(2시간 47분)의 순이었습니다. 성별로는 남성(3시간 6분)이 여성(2시간 54분)보다 스마트폰을 더 길게 사용하는 것으로 조사됐습니다(김태훈, 2016). 이러한 스마트폰의 사용 시간은 매년 조사할 때마다 계속해서 증가하는 추세를 보입니다. 시간과 공간의 제약 없이 언제 어디서나 미디어에 접근할 수 있기 때문입니다.

청소년을 둔 가정에서 학부모와 자녀 사이에 스마트폰의 사용을 가지고 많은 갈등이 일어나죠. 이것은 학부모가 일방적으로 자녀의 스마트폰 사용 시간을 줄이려는 의도에 기인하는 경우가 많습니다. 사실 가정과 학교에서는 스마트폰의 다양한 사용과 이에 따른 문제점에 체계적으로 접근하지 않고, 일단 청소년의 스마트폰 사용을 줄이려는 방향으로만 교육이 진행되고 있습니다. 앞의 통계에서 알 수 있듯이, 현대인과 스마트폰은 이제 분리해서 생각할 수 없는 지경에 이르렀습니다. 따라서 스마트폰의 장단점과 제대로 사용하는 방법에 대한 교육도 필요할 것입니다. 이것은 마치 100여 년 전에 영화가 등장하면서 청소년의 영화 관람에 대해 고민했던 것과 매우 유사하기도 하죠. 그때부터 지금까지 영화를 수용하는 데 있어서 보호주의적 관점이 많이 나타납니다. 이러한 시작은 영화나 다른 미디어로부터 청소년을 보호하는 수단으로 그들의 접근을 최소화하거나 일부 허용하는 것을 강조하고 있습니다(이아람찬, 2012). 이러한 보호주의적 관점은 영화교육과 미디어교육에 많은 영향을 주었으며, 이후 영화의 적극적인 소비와 생산에 대한 논의를 태동시켰습니다.

영국영화연구소(British Film Institute, BFI)가 제시한 영화교육 접근 방법은 크게 여덟 가지(8Cs)로 구분할 수 있습니다. 8Cs는 문화(Cultural), 비평(Critical), 창조(Creative), 컨텍스트(Context), 연계성(Connectivity), 협동성(Collaboration), 진로(Careers), 호기심(Curiosity)입니다. 구체적으로 ① 문화적 접근: 사회적이고 문화적인 접근 방법, ② 비평적 접근: 텍스트에서 제시된 관점에 비평적으로 접근, ③ 창조적 접근: 예

영화교육의 8Cs 접근 방법
(BFI, 2012)

술적이고 창의적인 만들기 중심의 접근, ④ 연계적 접근: 상호 텍스트적인 접근, ⑤ 협동적 접근: 공동 작업을 통한 협력적인 활동으로 접근, ⑥ 컨텍스트적 접근: 텍스트를 넘어선 접근, ⑦ 진로적 접근: 진로교육적인 접근, ⑧ 호기심적 접근: 흥미와 동기를 고려한 접근이라 요약됩니다.

지금까지의 내용을 정리하면, 영화교육의 목표는 앞서 언급한 대로 보호주의적 관점에서 학생들을 바라보는 것이 아니라 모든 영상 관련 플랫폼의 능동적인 소비와 생산을 주도적으로 진행하는 것입니다. 이러한 영화교육의 목표는 8Cs 접근 방법에 따라 구체적으로 이렇게 정리할 수 있습니다.

① 문화적 이해: 영화를 비롯한 다양한 플랫폼 속에 그려진 사회

의 문화적 이해

② 비평적 이해: 수동적인 이해가 아니라 비판적인 이해

③ 창조적 이해: 다양한 형태의 영상을 제작할 수 있는 생산의 주
체로 예술적 경험과 향유

④ 연계성 이해: 영화를 비롯한 다양한 플랫폼의 이해와 이들 디
바이스의 상호성에 대한 이해

⑤ 협동성 이해: 공동 작업을 진행하면서 경험하게 되는 협동성
에 대한 이해

⑥ 컨텍스트 이해: 다양한 텍스트와 그 이면에 있는 컨텍스트에
대한 이해

⑦ 진로의 탐색: 미래 직업에 대한 탐색 및 준비에 대한 이해

⑧ 호기심 유발: 읽기와 만들기 과정에서의 흥미 증진과 지적 호
기심에 대한 이해

2. 영화교육 (재)정의하기

미디어교육에서 사용하는 미디어 리터러시 개념처럼 영화
교육에서는 필름 리터러시(film literacy) 또는 시네리터러시
(cineliteracy)라는 개념을 사용하고 있습니다. 이는 film 또
는 cinema와 literacy의 합성어로 마치 언어 능력처럼 "영화
를 읽고, 쓰고, 보고, 들을 수 있는 영화 해독 능력을 중심으
로 한 영화교육"을 의미하지요(BFI, 2012). 이러한 필름 리터

러시는 청소년 영화 공교육에서 교육적 핵심을 이룰 수 있는 요소에 해당합니다. 따라서 영화교육이란 "학습자가 지닌 잠재적 능력을 필름 리터러시를 통해 개발하여 이상적인 인간, 성숙한 인간의 행동 특성을 지니도록 육성하는 행위"라고 정의할 수 있습니다(이아람찬, 2005). 하지만 이러한 영화교육의 정의는 영화라는 텍스트에 한정하는 측면이 있어요. 지금까지 정의한 영화교육의 개념은 협소한 측면이 지배적이었습니다. 이것은 영화에 대한 교육으로, 영화라는 텍스트의 읽기와 만들기에 한정되어 운영되었기 때문이죠. 그동안 영화교육은 영화에 대한 인식을 변화시키고 편견을 없애는 데 주력해왔습니다. 구체적으로 영화교육의 정체성, 프로그램 개발, 교수법, 교재 개발에 대한 다양한 논의가 이루어졌고, 실제 학교 현장에서 이러한 모델을 적용하는 데 많은 성과를 얻은 것도 사실이죠. 하지만 앞으로는 이러한 영역 중심, 예술 장르 중심의 영화교육에서 벗어나 광의의 영화교육을 (재)정의해야 하고 지금이 바로 그 시점이라고 할 수 있습니다.

현재 영화교육에 대한 접근과 해석은 매우 다양합니다. 영화교육이라는 개념을 사용하는 경우도 많지만, 일부에서는 미디어교육 또는 영상미디어교육이라고 호칭하는 경우도 있어요. 즉 영화교육, 영상미디어교육, 미디어교육, 미디어 리터러시, 영상문화교육 등 다양한 형태의 영화교육이 이루어지고 있으며, 교육의 주체에 따라 명칭에 강조하는 부분이 직접 드러나고 있습니다. 사실, 어떤 형태의 교육이든 영화나 기타 미디어를 활용한 교육은 4차 산업혁명을 이어가는 21세기 교육에서는 반드시 필요한 부분일 것입니다. 하지만 영화교육에 대한 정확한 이해 없이 영화교육이 진행되는 경우도 일부 나타나고 있습니다. 이처럼 영화교육은 다양한 층위가 존재하기 때문에 영화교육의 개념과 접근방법이 해당 층위에 맞아야 합니다.

영화교육은 그 형태에 따라 세 가지로 구분할 수 있습니다. 먼저, 독립교과형태의 영화교육으로 영화에 대한 다각적인 접근을 통해 최적의 교육환경을 제공할 수 있습니다. 독립교과형태의 영화교육은 선택교과, 자유학기제, 창의적 재량활동 등의 영역에서 영화교육에 대한 접근이 이루어질 수 있어요. 하지만 이러한 영화교육도 전국적으로 모든 학교에서 시행되고 있는 것이 아니라 특정 학교를 통해 이루어지고 있을뿐 영화교육의 문화·예술적 영향력에 비해 초라한 형편입니다. 그러나 이러한 영화교육의 시범적 움직임은 그동안 초·중등교육에서 영화교육의 실제적인 접근을 차단하고 있었던 장벽을 넘었다는 데서 그 의의를 찾을 수 있습니다. 둘째, 통합교과형태의 영화교육은 가장 광범위하게 나타나고 있는 영화교육의 스펙트럼입니다. 국어교과를 필두로 음악, 도덕, 미술, 사회, 과학, 지리, 사회 등 범교과적으로 영화교육의 양상은 광범위하게 빛을 발휘하고 있지요. 하지만 통합교과 형태의 영화교육은 각 교과 내에서 그 학습활동이 체계적으로 연결되지 못하고 산발적으로 나타나고 있다는 데 문제가 있습

학교 영화교육의 3가지 형태

니다. 마지막으로, 전문교과형태의 영화교육은 전문적인 영화인 양성을 목적으로 예술계 고등학교와 일부 전문계 고등학교에서 진행되고 있는 영화교육입니다. 특히 예술계 고등학교의 영화교육은 오랫동안 교육적 경험을 바탕으로 다양한 층위의 영화교육을 체계적으로 제공하고 있습니다. 한편 최근 전문계 고등학교의 명칭이 부분적으로 미디어 고등학교, 인터넷 고등학교, 애니메이션 고등학교 등으로 변경되면서 영화교육을 특성화하려는 움직임이 많이 나타나고 있습니다 (이아람찬, 2005).

이제 영화교육과 미디어교육의 관계에 대해 살펴보겠습니다. 앞서 영화교육과 미디어교육의 리터러시 측면에 대해 언급하였지만, 그것으로는 두 영역에 대한 설명이 충분하지 않지요. 많은 사람이 혼란스럽게 생각하는 영화교육과 미디어교육의 차이점을 살펴보기 위해 어느 학생의 질문으로 시작해보면 어떨까요.

다음은 영국 학생 커뮤니티 사이트에 올라온 질문입니다. "A-level(대입시험)에서 영화교과와 미디어교과의 차이점은 무엇인가요?" 이 질문은 영화교육과 미디어교육의 근본적인 차이점에 관해 묻고 있지요. 사실 여러분도 궁금할 부분이라 생각합니다. 이런 질문이 제기될 수 있는 이유는 영국의 독특한 사정 때문입니다. 영국의 A-level에서는 Film Studies, Media Studies, Communication Studies 등이 모두 교과로 등록되어 있고, 학생들은 이들 과목을 선택할 수 있어요. 위 사이트에는 정확한 답변이 올라와 있지는 않지만, 많은 사람이 궁금해할 수 있는 질문임에 틀림없죠. 사실 영화교육은 단순히 영화만 보는 교육은 결코 아닙니다. 영화교육에서 가장 중요하게 다루는 분야는 영화이지만, 영화 이외에 TV, 인터넷, 게임, 애니메이션 등 기존 미디어교육에서 언급되어온 분야도 함께 다루고 있어요. 영화교육은 미디어교육의 내용

Difference between Media Studies and Film Studies A-level?

Announcements

start new discussion ›   reply ›

01-05-2016 14:13   1

rosiemoon_
Thread Starter

Hi. I'm starting college in September and am trying to choose my A-levels. So far I have chosen Drama, Politics and History. However, for my 4th A-level I'm interested in taking either film or media, but I'm struggling to find out about the differences between them in the courses etc. If anyone has any info or opinions that could help it would be greatly appreciated!

영화교육과 미디어교육의 차이점에 대한 학생의 질문(The Student Room)

을 상당 부분 다루고 있기에 미디어교육과 영역이 겹치는 경우가 많을 수밖에 없습니다.

이처럼 영화교육과 미디어교육은 서로 불가분의 관계를 맺고 있습니다. 영화교육에서도 미디어교육을 언급하고, 미디어교육에서도 영화교육을 언급하고 있으므로 두 영역은 떼어놓을 수 없는 관계임은 분명합니다. 아래는 미디어교육의 개념에 대해 매우 명확하게 설명하고 있습니다.

학교 교육과정에서도 비판적 선택과 수용, 즉 읽기를 강조하던 교육과 함께 미디어 제작과 생산, 즉 미디어 쓰기 경험 역시 강조되고 있다. 실증적 연구들도 청소년들이 미디어를 통해 의미를 소비하고 생산하고 확산시키는 다중 역할을 통해 자신이 속한 사회문화적 맥락 속에서 자기 정체성을 형성해가는 것을 보여준다. 특히 제작 경험에의 참여는 청소년들의 자아표현 및 사회적 쟁점에의 참여라는 점에서 의의를 가질 뿐만 아니라 그 과정을 통해 자신의 인지행태와 의사결정 나아가 행동변화를 가져오는 데 있어 분석적 접근에 비해 더 강한 효과를 가져오기도 한다. 요약하자면, 미디어 리터러시 교육은 '비판적 해석'과 '창조적 의미 생성'이라는 두 가지 목적을 큰 축으로 움직인다고 볼 수 있다(신나민, 2013).

앞서 언급한 영화교육과 바로 위에서 언급한 미디어교육을 아우르는 영화교육의 개념을 새롭게 (재)정의할 시점입니다.

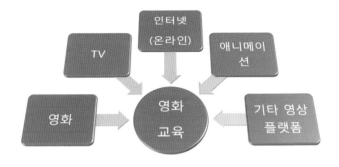

영화교육의 텍스트 영역

더 나아가 21세기 제4차 산업혁명 시대에 맞춰 일상생활에서 자주 접하는 영상 관련 디지털 미디어를 올바르게 활용할 수 있어야 하죠. 전통적으로 학생들이 글을 읽고, 쓰는 법을 배웠듯이 다양한 디지털 기기를 바르게 사용할 수 있다면 창의적이고 예술적인 인간으로 성장하는 데 많은 도움이 될 것입니다.

한국의 영화교육은 바로 기존 영화교육과 미디어교육의 통합이라고 할 수 있습니다. 일반적으로 영화와 TV는 올드미디어(Old Media), SNS, 유튜브, 모바일 등은 뉴미디어(New Media)로 일컬어지고 있습니다. 영화는 비록 올드미디어이지만, 끊임없이 새로운 기술을 받아들이고 있습니다. 흑백영화에서 시작해서 유성영화, 컬러영화, 3D 영화, 와이드 스크린, 디지털 시네마 등 사운드에서부터 화면에 이르기까지 최신 기술을 적극적으로 받아들이고 있으며, 이것이 영화만의 생존전략일 것입니다. 구체적으로 비디오아트를 중심으로 언급되어온 확장영화는 기본적으로 그 영역과 범위 확장을 의미하고 있습니다. 전통적으로 영상기기와 스크린이라는 틀을 벗어나, 다양한 플랫폼과 결합할 수 있는 영화적 진화론이라고 할 수 있습니다.

고전 개념으로 보면 영화교육은 타 예술 장르와 영화의 차이점만을 역설해왔다. 하지만 현대예술적 개념으로 보면 영화와 타 장르간의 융복합을 더 강조한다. 확장영화론(Expanded Cinema)에 의하면 영화는 다른 매체와 융복합되어 영화고유의 의미와 형태를 벗어나 새로운 형태로 전개된다. 백남준은 1960년대 플럭서스(fluxus) 활동을 통해 일방적으로 메시지를 전달하는 예술미디어의 성격에 저항하고자 새로운 퍼포먼스를 보여준다. 백남준의 퍼포먼스는 비디오아트, 설치미술, 미디어아트 등으로 확장되어 모든 미디어들을 융합시키고 관객이 깨달음의 주체가 되는 예술의 세계를 보였다(정재형, 2011).

올드미디어로 터부시되지 않고 계속해서 진화하는 영화의 독특한 특징이 확장영화로 연결된 것입니다. 따라서 영화교육은 영화에 대한 교육부터 시작해서 뉴미디어의 여러 영역을 다룰 수 있습니다. 즉 필름 리터러시부터 미디어 리터러시까지의 넓은 스펙트럼을 유지하고 있다는 것입니다. 이것은 영국 BFI 아일랜드의 IFI(Irish Film Institute)의 영화교육의

| 필름 리터러시
(Film Literacy) | 미디어 리터러시
(Media Literacy) | 영화교육
(Film Education) |

영화교육의 개념

흐름과도 일치합니다. BFI와 IFI는 이미 1950년대부터 영화
교육의 중요성을 인식하고 교육을 진행했으며, 이후 다양한
미디어의 출현과 함께 미디어 리터러시도 영화교육의 목적으
로 함께 다루고 있습니다.*

따라서 새롭게 (재)정의된 영화교육의 핵심은 영화를 중심
으로 다양한 영상 플랫폼의 이해, 감상, 창작을 기본으로 하
고, 더 나아가 새로운 미디어에 적극적으로 대처할 수 있는
능력을 키우는 데 있습니다. 즉, 영화교육은 전통적인 영화를
중심으로 끊임없이 진화하고 있는 현재와 미래의 미디어를
이해하고 체계적으로 접근할 수 있는 교육이 됩니다.

이처럼 영화교육은 미디어교육과 매우 밀접한 관계를 유지
하게 되죠. 과연 영화교육과 미디어교육의 차이점과 공통점
은 무엇일까요? 간략하게 정리하면, 이들 교육의 공통점은 다

---

* 물론 반대의 경우도 가능합니다. 미디어 리터러시 안에 필름 리터러시가
들어가는 경우도 존재합니다. 다양한 미디어 플랫폼의 하나인 영화가 있듯이
미디어 리터러시가 영화교육을 포함하는 예도 많습니다.

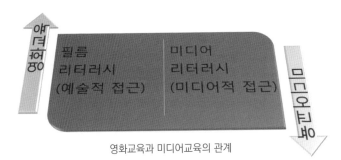

영화교육과 미디어교육의 관계

양한 매체를 다룬다는 것입니다. 차이점은 영화교육에서는 예술로서 영화에 접근하고, 미디어교육에서는 여러 매체의 하나로 영화에 접근한다는 것입니다. 따라서 영화교육은 매체에 대한 생산과 수용뿐만 아니라 예술적인 가치 또한 놓치지 않고 있죠. 이런 차이점에도 불구하고 영화교육과 미디어교육의 가능성은 제4차 산업혁명시대에 더욱 빛을 발할 것입니다.

한편, BFI도 영화교육의 범위를 정의하는 데 고민을 거듭하고 있습니다. 예전에는 영화교육, TV교육 등 매체별 또는 장르별 구분을 시도했으나, 최근에는 영화를 비롯한 모든 형태의 영상 이미지를 영화교육에 담아내려는 경향을 보입니다. 이것은 디지털 형태든 아날로그 형태든, TV, 인터넷 등 다수 영역을 포함하고 있습니다. "The word 'film' refers to all forms of moving images with sound (and without!), irrespective of the medium, be that digital or analogue, TV, online or cinema."(BFI, 2015)

확실히 초기 영화교육의 개념은 영화적인 텍스트만을 주요하게 생각하여 이에 대한 이해와 만들기 중심으로 교육이 이루어져왔던 것이 사실입니다. 하지만 21세기 리터러시에 필요한 최근 영화교육은 전철을 무조건 따를 필요는 없습니다. 학생들의 요구와 영화교육의 외연을 확장하고 보다 다양한 학교교육을 하기 위해서 영화교육의 범주는 확대되어야 하기 때문이죠.

지금까지 영화교육 개념이 과거의 영화에만 한정하지 않고 다양한 영상미디어 플랫폼을 포함하는 확장적 개념으로 (재)정의되는 과정을 살펴보았습니다. 앞서 언급한 대로 영화교육의 개념은 그동안 영화적 텍스트에 한정되었지만, 영화라는 텍스트를 뛰어넘어 다양한 형태의 플랫폼에 교육적으로 접근하기에 이르렀습니다.

마지막으로 현재 체험 위주의 영화교육은 지속가능한 교과가 아닌 일시적인 예술 체험 활동에 그치고 있습니다. 진로를 희망하는 학습자들의 증가와 함께 높아지는 사설 기관 의존도를 고려해보아도, 역시 학습자들의 연령과 요구에 따라 영화교육의 개념에 대한 (재)정의가 무엇보다 필요한 시점입니다(장다나, 2017). 그리고 영화교육은 학생들이 영화를 비롯한 다양한 영상 플랫폼을 읽고 제작함으로써 비판적 수용과 예술적 향유를 할 수 있게 하는 데 교육적 의미를 두어야 할 것입니다.

■ 참고문헌

김태훈, 「PC 이용 줄고 TV시청 제자리」, 『한국경제신문』, 2016. 8. 24.

신나민·안화실, 「읽기, 쓰기, 향유 체험을 중심으로 본 청소년의 미디어 리터러시 분석」, 『한국산학기술학회논문지』, 제14권 제8호, 2013.

오세곤 외, 『연극』, 지학사, 2018.

윤혜란, 장현선, 김태은, 「2015 학교문화예술교육 실태조사」, 한국문화예술교육진흥원, 2015.

이아람찬, 「초기 한국영화교육사 연구: 1920년부터 1940년대를 중심으로」, 『씨네포럼』, 14호, 2012.

이아람찬, 『영화교육론: 이론과 실제』, 커뮤니케이션북스, 2005.

이아람찬·오세섭·장다나·박성현·정재성, 「청소년 영화교육 기본계획 연구」, 영화진흥위원회, 2019.

이아람찬·이종승·오세섭·박현우·고병정, 「청소년 영화 공교육 활성화 방안 연구」, 영화진흥위원회, 2018.

이준호, 「'2015 교육과정 개정안' 반발 확산」, 『한국일보』, 2014. 9. 25.

장다나, 「청소년 영화 공교육 활성화를 위한 제의 」, 『KOFIC Issue Paper』 , 2017, Vol.13. 2017.

정재형 외, 『문화예술교육 교육표준 개발 연구-영화』, 한국문화예술교육진흥원, 2011.

조벽, 「미디어 리터러시를 주도할 한국」, 『미디어와 교육』, 5권 2호, 2015.

진보적 미디어운동 연구저널 ACT! [http://actmediact.tistory.com/1125]최연구, 「4차 산업혁명시대의 미래교육 예측과 전망」, 『미래연구 포커스』, 2017.

BFI, *A Framework for Film Education*, 2015.

BFI, *Film: 21st Century Literacy*, 2012.

The Student Room [https://www.thestudentroom.co.uk/].

2장 영화교육과 영화 리터러시

1. 영화교육과 영화 리터러시의 개념

　영화교육은 그 대상과 전문성에 따라 다양한 층위의 교육 내용으로 구성됩니다. 일반적으로 영화교육은 초·중등학교 학생을 대상으로 하며, 일부 예술계 고등학교나 특성화 고등학교 학생은 매우 전문적인 영화교육을 받게 됩니다.

　사실 국내에서 영화 리터러시(Film Literacy)라는 개념은 2000년대부터 사용되기 시작했지만, 이에 대한 논의는 활발히 이루어지지 않고 저마다 각자의 접근과 해석에 머물렀습니다. 초기에 영화 리터러시는 시네리터러시(Cineliteracy)라는 개념으로 사용됐으며, 최근에는 영화 리터러시를 사용하는 경우가 많습니다. 또한 시네리터러시, 필름 리터러시, 그리고 영화 리터러시는 모두 같은 개념으로 변별적으로 사용되고 있지 않습니다.

영화 리터러시와 시네리터러시의 일반적인 차이는 바로 리터러시에 대한 해석에서 나타납니다. 리터러시(Literacy)를 해석하는 데 있어서 문자를 통한 지식 및 정보의 획득과 이해 능력으로만 다루기 때문입니다. 리터러시는 글을 읽는 능력뿐만 아니라 말하고 쓰는 능력까지 포함하고 있지요. 그동안 시네리터러시를 언급할 때, 영화를 읽는 또는 이해하는 능력에만 국한하는 경향이 많았습니다. 다시 말해, 시네리터러시는 보고 감상하는 것뿐만 아니라 실제로 영화나 기타 영상을 제작하는 영역까지 포함하고 있습니다. 따라서 영화 리터러시라고 할 경우, 영화를 보고 감상하는 이해 영역에서 머무르는 것이 아니라, 만드는 단계까지 포함하게 됩니다.

구체적으로 시네리터러시는 1998년 영국영화연구소에서 발간한 정책 보고서 『교실에서의 영상이미지 Moving Images in the Classroom』에서 처음 개념화한 것으로 "영상 텍스트에 대한 이해와 감상을 의미"하는 용어입니다(Bazalgette, 2000). 당시만 해도 시네리터러시 개념에서 직접적으로 영화 제작에 대해 언급하지는 않았죠. 그렇지만 이 보고서에서 제시한 영화교육 프로그램은 영화 읽기뿐만 아니라, 만들기에 대한 구체적인 과정을 이미 포함하고 있었습니다.

또한 미국의 영화학자 바버라 클린저(Barbara Klinger)는 자신의 저서에서 시네리터러시에 대해 언급하는데, 시네필의 영화 학습과 관련해 설명하고 있습니다(Klinger, 2008). 클린저는 시네필의 경우 보다 체계적인 영화의 이해를 위해 다양한 영화 학습을 진행한다고 보고, 이러한 과정에서 필요한 능력을 시네리터러시라고 밝히고 있습니다. 클린저도 시네리터러시에서 영화 제작에 대한 언급은 전혀 하지 않습니다.

이처럼 2000년대까지만 해도 시네리터러시에 대한 교육은 영화를 비롯한 영상 텍스트에 대한 이해와 감상에 대한 교육으로 인식되었으며, 실제 제작 교육에 관한 내용은 명확하게 다루지는 않았던 것이죠. 하지만 2010년대 이후에는 시네리터러시보다는 영화 리터러시를 사용하는 경우가 빈번해졌으며, 개념도 보다 정교하고 명확하게 다루게 되었습니다. 영화라는 텍스트에 한정하지 않고 다양한 영상 관련 플랫폼과 콘텐츠를 포함하고, 이해와 감상 위주의 교육에서 벗어나 영화 만들기에 대한 부분을 강조하기 시작했습니다. 여기서 영화 리터러시는 영화 제작을 통한 적극적인 소통을 강조하는 능동적인 수용 과정으로, 영화를 중심으로 한 영상제작을 포함하게 되었습니다.

이와 관련해, 영국의 영화 창의도시(UNESCO City of Film)인 브래드포드(Bradford) 시의 영화교육팀은 영화 리터러시에 대해 다음과 같이 정의하고 있습니다.* "영화 리터러시는

---

* 영화 창의도시는 2009년 영국 브래드포드 시를 시작으로 2010년에는 호주 시드니, 2014년에는 부산과 함께 아일랜드 골웨이, 불가리아 소피아가 지정되었습니다. 2015년에 영화 창의도시로 지정된 도시는 브라질 산토스, 이

학생이 영화와 영상을 이해하는 방법을 가르치는 것뿐만 아니라 스스로 영화를 즐기고 만드는 과정까지 포함합니다." 또한 유럽의 온라인 교육 플랫폼인 학교교육게이트웨이(School Education Gateway)도 영화 리터러시를 사용하고 있는데, 아래와 같이 정의하고 있습니다.

- 영화에 대한 이해 능력
- 다양한 영화를 선택하는 능력
- 영화에 대한 비판적 감상과 분석하는 능력
- 다양한 영상을 창의적으로 만드는 능력

여기서 영화 리터러시의 개념과 범위까지 밝히고 있는데, 이를 통해 영화교육의 범주와 개념이 더욱 명확하게 정리될 것입니다. 다음 절에서 학교 영화교육의 법·제도적 장치를 살펴보고, 영화 리터러시의 개념에 대해 구체적으로 다룰 예정입니다. 먼저, 문화예술교육지원법, 고교학점제, 자유학기학년제, 서울시교육청 협력종합예술활동, 영화진흥위원회 영화교육 중점학교 등의 사례를 통해서 학교 영화교육 관련 다양한 법·제도적 지원 장치를 확인하고, 영화 리터러시라는 개념을 통해 앞으로 학교 영화교육의 확장과 활용 가능성을 확인

탈리아 로마, 그리고 마케도니아의 비톨라가 있으며, 2017년에는 5개 도시(중국 칭다오, 영국 브리스톨, 일본 야마가타, 폴란드 우츠)가 지정되면서 총 12개국 13개 도시가 유네스코 영화 창의도시로 활동하고 있습니다.

할 수 있을 것입니다.

2. 학교 영화교육 관련 법·제도적 장치

1) 문화예술교육지원법

문화예술교육지원법 제1조는 본 지원법의 목적을 문화예술교육의 지원에 필요한 사항을 정함으로써 문화예술교육을 활성화하고, 나아가 국민의 문화적 삶의 질 향상과 국가의 문화 역량 강화에 이바지함에 두고 있습니다(문화예술교육지원법). 이에 따라 2004년부터 학교문화예술교육으로 영화교육이 시행되고 있으며, 국악, 연극, 무용, 만화애니메이션 등과 함께 한국문화예술교육진흥원의 주요 교육영역에 포함되었죠. 한국문화예술교육진흥원이 진행하고 있는 영화교육은 일반 학생들을 대상으로 한 최초의 학교 영화교육이라는데 큰 의미를 두고 있습니다. 이를 통해 그동안의 전문가 중심 영화교육에서 벗어나 영화교육의 대상을 획기적으로 확대하는 계기를 마련하게 된 것입니다.

앞서 언급한 대로, 지난 15년 동안 영화교육은 매년 200여 명의 강사가 400여 학교에서 5만여 명의 학생과 함께하고 있습니다. 이것은 전문가 양성을 위한 영화교육에 치중해왔던 것에서 벗어난 영화교육의 대대적인 패러다임 전환이었습니다. 전문가 양성에만 치중했던 기존 영화교육에 대한 반성과 함께 영화교육의 대상에 대한 제한이 사실상 없어지게 되는 계기가 된 것입니다.

2) 영화진흥위원회 영화교육 중점학교

영화진흥위원회는 2019년 초등학생을 대상으로 한 영화교육 중점학교를 운영하기 시작했습니다. 영화진흥위원회가 일반 학교에 영화교육 프로그램을 처음 제공하는 매우 유의미한 사업이라고 할 수 있습니다. 중점학교의 사업 목적은 첫째, 청소년의 인성발달 및 창의력 개발을 위한 영화교육으로 미래 영화관객 개발 및 영화산업 지속성 강화입니다. 둘째는, 2015년 교육부 개정교육과정의 미래사회 청소년 핵심역량을 함양하기 위한 초등학생 대상 영화 리터러시 중심의 영화교육입니다. 마지막으로 UNESCO 영화 창의도시 부산의 영화영상 환경 인프라를 바탕으로 지역사회와 영화교육을 연계하고 있습니다.

2009년 처음 영화 창의도시로 선정된 영국 브래드포드의 경우 인구 50만 규모의 도시로 영화산업과 영화교육에 많은 노력과 관심을 보인 곳이라는 데 의미가 있습니다. 또한 부산과 마찬가지로 영화산업에서 역사적인 곳으로 유명하고 작은 규모의 국제영화제도 운영하고 있죠. 그리고 지역 대학과 더불어 전문적인 영화교육과 대중적인 영화교육을 병행하여 진행하고 있다는 점도 높은 평가를 받고 있습니다(UNESCO, 2009). 브래드포드와 비교해 부산은 규모나 시스템 측면에서 매우 월등합니다. 하지만 외형과 다르게 부산은 시민을 대상으로 한 대중적인 영화교육은 상대적으로 부족한 상황입니다. 영화진흥위원회의 중점학교는 이러한 현실과 요구를 반영하는 것으로 공교육에서 정제된 영화 커리큘럼을 다양하게 제공하고 있습니다. 2020년부터는 부산에 이어 전주에서도 영화교육을 시범적으로 운영하고 있습니다. 두 곳의 공통점은 무엇보다도 국제영화제를 매년 개최하는 곳으로 영화 인프라가 상대적으로 우수하다는 점입니다.

3) 고교학점제

지난 2017년 11월 27일 교육부는 입시·경쟁 중심의 교육에서 벗어나 학생들의 진로 설계와 성장을 지원하기 위해 도입 예정인 고교학점제 준비를 위한 1차 연구학교 운영계획을 발표하였습니다. 교육부는 연구학교를 통한 검토와 공론화 과정을 거쳐 2025년 전면 도입을 목표로 고교학점제를 준비하고 있습니다. 고교학점제는 고교교육 전반의 혁신을 위한 핵심정책으로 중장기적 관점에서 준비가 필요하며, 이를 위한 첫 단계로 학점제 도입에 필요한 교육과정과 학교운영 방안을 연구하는 정책연구학교(60교, 일반계고·직업계고 각 30교)를 3년간 운영하고 있습니다(교육부, 2017).

이러한 제도가 도입된 것은 제4차 산업혁명시대 도래에 따라 입시와 수능에 종속된 획일적 교육과정과 줄 세우기식 평가가 이루어지는 고교교육의 근본적 혁신이 필요하다는 공감

대가 그 바탕이 되었습니다. 고교교육이 모든 학생의 성장과 진로 개척을 돕는 본연의 기능을 되찾고, 수평적 고교체제 하에서 다양한 교육을 제공할 수 있도록 종합적 제도 개선을 담을 예정입니다(교육부, 2017). 고교학점제는 다양한 과목을 제공하면서 영화 교과를 비롯한 다양한 교과가 진입할 기회를 제공할 것입니다. 이는 결국 학생들의 교과 선택을 보다 확대하기 위한 실제적인 방법이라고 할 수 있습니다.

4) 자유학년제

「중학교 자유학기제 확대·발전 계획」에 따르면, 2016년부터 1학년 1·2학기나 2학년 1학기 중 한 학기를 택해 운영하는 자유학기제는 2018년도 전국 3,210개 중학교 모두에서 실시되고 있습니다. 희망에 따라 1학년 1년간 자유학년제를 실시하는 학교는 전국 중학교의 46%인 1,470곳으로 정해져 있습니다. 516개 학교에서는 자유학기가 끝난 뒤에도 취지를 살려 학생중심 수업 및 과정중심 평가 강화, 자유학기 활동을 51시간 이상 운영하는 연계 학기를 운영합니다.

자유학기·자유학년 기간 학생들은 총괄식 지필평가를 보지 않고, 교사는 교육과정을 재구성해 학생 활동을 중심으로 수업을 운영하며, 개별 학생의 성장과 발달에 맞춰 개별 평가가 이루어집니다. 자유학기 활동은 주제선택, 진로탐색, 예술·체육, 동아리 활동 등 4개 분야로 구성되며, 자유학기는 170시간, 자유학년은 221시간 이상 관련 활동을 편성합니다. 자유학기를 이수한 학생들의 생활기록부에는 교과별 이수 여부가 성취도란에 'P'로 입력됩니다(박수경, 2017).

5) 서울시교육청 협력종합예술활동

서울시교육청은 2017년 전국에서 처음으로 중학교 협력종합예술활동을 시작했습니다. 중학교 협력종합예술활동은 중학교 3년 중 최소 1학기 이상 교육과정 내에서 모든 학생들이 뮤지컬, 연극, 영화 등 종합예술활동에 역할을 분담하여 참여하고 발표하는 학생 중심 예술체험교육입니다.

2017년 기준 173개 교가 운영 중이며, 보통 한 학년에 1학기, 1가지 예술 영역을 운영합니다. 일부 학교에서는 여러 학년, 여러 학기, 여러 예술 영역을 운영하여(44개 교), 이를 반영하면 총 217개 프로그램이 운영 중입니다(임윤희, 2017). 결과적으로 협력종합예술활동에서 시행되는 영화교육은 공교육의 범주에서 진행된다는 점에서 큰 의미가 있습니다.

[유형1] 교과 간 협력 운영
- 학년부를 중심으로 총괄 담당교사를 지정하고 담임교사 및 교담당교사가 상호 협력하여 운영
- 교과별 문화예술 요소 추출, 교육과정 재구성으로 활동시간 확보
- 전체적인 운영계획을 수립한 후 각 교과별로 담당한 내용을 적절한 시기에 지도
- 학기 중 또는 학기말 프로그램으로 운영 가능

협력종합예술활동 운영 현황(임윤희, 2017)

구분	교육과정 적용 방법				예술 영역			
학교수	교과협력	특정교과	창체	계	뮤지컬	연극	영화	계
	82	65	71	217	145	39	33	217

[유형2] 특정 교과시간 내 운영

• 관련 교과 시수를 증배하여 협력종합예술활동 시간으로 운영

• 특정 교과 수업 시수 내에서 주당 1시간, 또는 학기말에 뮤지컬, 연극, 영화 창작 활동으로 전개

[유형3] 창의적 체험활동으로 운영

• 창의적 체험활동의 자율활동 중 '창의적 특색활동'으로 운영

• 자유학기제 탐색학기나 연계학기에서 창의적 체험활동으로 계획

• 주당 1시간, 격주 2시간, 학기말 집중 운영 등 융통성 있게 운영

• 교과와 연계 통합하여 주제 중심으로 운영 가능

6) 문화예술교육 종합계획

문화예술교육지원법에 따라 문화예술교육지원위원회의 심의를 거쳐 5년마다 종합계획을 수립하고 있습니다. 이 계획안에서는 특정 문화예술교육 장르를 언급하지 않지만, 문화예술체육부의 문화예술교육 활성화 종합계획으로 영화를 포함한 다양한 문화예술교육에 대한 이해를 바탕으로 종합적인 청사진을 마련하고 있습니다.

7) 미디어교육지원법(안)

미디어교육 관련 법안은 최근까지 여러 번 발의되었지만, 실제로 법안이 통과된 예는 없습니다. 그동안 미디어교육 관련 법안을 살펴보면, 2007년 4월 이경숙 의원이 대표 발의한 미디어교육진흥법안, 2012년 8월 최민희 의원이 대표 발의한 미디어교육지원법안, 2013년 9월 김희정 의원이 대표 발의한 미디어교육지원법안 등이 있습니다. 특히 김희정 의원 발의안의 경우, 5년마다 미디어교육종합계획을 문화체육관광부장관이 수립하도록 하고, 국가와 지방자치단체는 사회미디어교육 활성화를 위한 시책을 수립·시행하도록 하고 있습니다(박주영, 2018). 이처럼 다양한 관점에서 미디어교육지원법안이 마련되었지만, 미디어교육에 대한 인식의 부재로 번번이 폐기되었습니다.

한편, 2018년 4월 박광온 의원이 대표 발의한 초·중등교육법 일부개정법률안에서도 미디어를 통해 제공되는 정보의 올바른 이해·분석 및 비판에 관한 내용을 포함하도록 하여 학생들이 다양한 미디어를 올바르게 분석하여 활용할 수 있는 판단능력을 고양하기 위해 미디어 리터러시의 중요성을 다시 한 번 제시하기도 했습니다. 이러한 미디어교육에 관한 법·제도화의 필요성은 2017년 2월 출범된 디지털민주주의를 위한 미디어교육지원법 추진위원회로 이어져 미디어교육지원법의 필요성을 환기하고 민간 주도의 법제정을 도모하기 위해 학회 및 미디어교육을 주도했던 교사들, 전국미디어센터협의회 등이 참여하면서 국회세미나, 토론회 및 워크숍 간담회 등이 매우 활발하게 이루어지고 있습니다(박주영, 2018).

사실 영화교육은 독립 교과로 분류될 수도 있지만, 미디어교육의 하위 영역으로 다루어지기도 합니다. 지난 올드미디어 시대와는 다르게 뉴미디어 시대가 되면서 영화를 비롯한 영상 플랫폼이 현저하게 발전하고 있습니다. 미디어교육도 과거 신문에 치중하던 부분을 줄여 영상에 대한 교육 영역을 확대하고 있습니다. 이러한 관점에서 미디어교육의 활성화는 영화교육의 활성화에도 긍정적인 영향을 줄 것이며, 이를 통해 영화교육의 중요성도 같이 인식하는 계기가 될 것입니다.

3. 학교 영화교육의 의미와 필요성

1) 학교 영화교육의 의미

영화교육의 의미는 시대에 따라 달라졌습니다. 특히 영화교육의 범주 또는 교육 내용을 구분하는 데 의견을 달리하는 경우가 적지 않았습니다. 이에 대해서는 이후 다시 논의하기로 하고, 먼저 영화교육의 두 가지 영역을 구분하고자 합니다. 일반적으로 영화교육은 크게 영화에 대한 교육(Teaching about film)과 영화를 통한 교육(Teaching through film)으로 나뉩니다. 영화에 대한 교육은 영화를 비롯한 다양한 영상 플랫폼과 콘텐츠에 대한 이해를 담고 있는 반면, 영화를 통한 교육은 영화를 시청각 교보재로 생각하고 다양한 교과에서 수업의 이해와 흥미를 유발하기 위한 도구의 역할로 사용하는 것을 의미하죠. 우리가 주로 연구할 부분은 전자로, 영화에 대한 교육으로 한정됩니다. 하지만 타 교과와의 연계성을 가지고 통합 또는 융합적인 측면을 다루기 위해서 영화를 통한 교육이 이루어지는 경우도 종종 있습니다. 그리고 영화에 대한 교육의 대상도 초·중등 학생들로 이루어진다는 의미에서 학교 영화교육으로 부르기도 합니다.

이아람찬(2005)은 학교 영화교육을 정의하면서 시네리터러시를 사용하는데, 이는 현재 영화 리터러시와 같은 의미로 사용되고 있습니다. 따라서 영화교육은 시네리터러시를 통해서 영화의 다양한 영역을 이해하고 제작할 수 있는 능력을 기름으로써 교육적 효과를 얻을 수 있다고 주장합니다.

정재형 외(2011)는 학교 영화교육은 영화와 영상미디어를 활용하여 더욱 폭넓은 사고 능력과 창의력을 증진하는 데 목적을 둔다고 이야기합니다. 그리고 학생 스스로 자기 생각을 표현하는 방법을 터득하고, 영상문화에 대해 올바른 이해를 하도록 돕는 데 있다고 밝혔습니다. 이처럼 영화교육을 통해 학생들은 다양성과 창의력, 상상력, 소통을 경험하게 된다는 점을 강조하고 있는 것이죠. 또한, 영화교육은 다양한 교과와 연계한 통합학습을 통해 문화다양성을 이해시키며, 뉴미디어를 접목하여 창의적 사고를 확장하게 된다고 말합니다. 또한 표현의 즐거움을 통해 자율성과 감수성을 계발하고, 다양한 체험학습과 공동창작 과정을 통해 사회성과 인성을 길러주는 것을 목표로 하고 있습니다. 따라서 영화교육은 영상문화를 통해 올바른 문화예술을 향유하고 논리적이고 비판적인 표현 능력과 창의력을 키우며, 이 과정을 통해 학생 스스로 창조적인 표현 능력과 주변 세상과 대상에 대한 다양한 사고와 관점을 기를 수 있게 됩니다. 이처럼 학교 영화교육은 학생들의 삶에 기초한 문화, 예술적 감수성을 기르는 교육이며, 문화예술의 향유와 문화예술 역량의 강화를 실현하기 위한 교육인 것이죠.

이아람찬 외(2018)는 기존 영화교육의 개념을 확장하고 있는데, 영화뿐만 아니라 다양한 영상 플랫폼을 포함하는 예술과 기술이 융합된 영화교육을 대안적으로 제시하고 있습니다. 영화교육은 영화적 텍스트를 넘어서 다양한 디지털 기술을 기반으로 하는 TV, 유튜브, 게임, 만화애니메이션, 인터넷, 저작권 교육 등을 포함하는 방향으로 진화하고 있음을 강조합니다. 그만큼 영화라는 올드미디어에 한정하지 않고 디지털 기술과 결합한 뉴미디어화된 영화, 영상의 특징을 영화교육에 담아내고 있습니다.

2) 새로운 학교 영화교육의 의미

이러한 관점에서 학교 영화교육의 의미도 위와 같은 연구를 통해 점차 변화하게 됩니다. 전통적인 관점에서의 영화교육의 의미와 최근 대두되는 새로운 관점에서의 의미를 구분

학교 영화교육의 의미 변화

전통적 영화교육	새로운 영화교육
영화감상 교육	다양한 영상미디어를 접근·이해할 수 있는 교육
영화제작 교육	다양한 영상미디어를 제작할 수 있는 교육
비판적 사고 및 글쓰기	비판적이고 창의적인 사고 및 글쓰기
예술교육으로서 영화교육	문화예술교육으로서 영화교육
시네리터러시	영화 리터러시 교육 (미디어/디지털 리터러시의 도입)

할 수 있습니다. 앞서 언급한 대로, 학교 영화교육의 의미는 기술의 변화에 따라 확대되고 있습니다. 영화는 아날로그라는 올드미디어에서 출발했지만, 디지털 기술의 발전으로 다양한 뉴미디어와 함께 새로운 형태의 플랫폼과 콘텐츠에 매우 적절하게 적용되고 있죠.

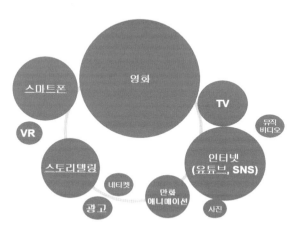

학교 영화교육의 다양한 범주

(1) 영상 플랫폼과 콘텐츠를 포함하는 학교 영화교육

학교 영화교육은 영화를 중심으로 스마트폰, TV, 인터넷, 사진, 광고 등으로 영역을 확장하고 있습니다. 이러한 영역 확장은 결국 영화에 대한 이해를 높이고 영화와의 관련성에 대한 논의를 활발하게 진행할 수 있게 합니다.

(2) 디지털 리터러시 교육으로서 학교 영화교육

학교 영화교육은 영화 리터러시를 중심으로 디지털/미디어 리터러시의 내용을 부분적으로 포함하는 단계로 그 개념이 꾸준히 확대되고 있습니다. 앞서 본 것처럼 영화교육은 영화 리터러시를 기반으로 서로 공유할 수 있는 영역을 중심으로 구성됩니다.

디지털 리터러시는 디지털 사회에서 비판적이고 창의적이고 안전하게 사용할 수 있는 능력을 말합니다. 그리고 미디어 리터러시는 다양한 매체를 이해하고 비판적으로 소통할 수 있는 능력을 의미합니다. 영화 리터러시는 영화를 비롯한 다양한 플랫폼을 이해하고 예술적 창작을 할 수 있는 능력이라고 정의할 수 있습니다.

디지털 리터러시의 내용
(C. Hague and S. Payton, 2010)

(3) 문화예술교육으로서 학교 영화교육

영화 리터러시는 디지털 리터러시나 미디어 리터러시에서 언급하지 않는 예술적 향유나 접근을 포함하고 있습니다. 이것이 영화 리터러시가 다른 두 리터러시와 다른 점입니다. 영화교육은 디지털 기술에 많은 것을 의존하지만, 이러한 기술은 예술적 창작과 향유를 위한 과정에서 필요한 도구적 성격을 띕니다. 영화교육의 변별점은 바로 문화예술교육이라는 특징에서 찾을 수 있습니다.

(4) 제4차 산업혁명과 함께하는 학교 영화교육

일반적으로 제4차 산업혁명은 생산 방식과 만들어진 물건 자체가 지능화되는 방식, 기계와 제품이 지능을 가지고 있고 네트워크로 연결된 것을 의미하죠. 제4차 산업혁명에 대한 정의는 학자 또는 기관에 따라 다르지만, 빅데이터, 로봇, IoT, 정보통신기술, 융합, 혁신적 변화 등이 공통된 키워드라고 할 수 있습니다(정윤경, 2018). 앞서 언급한 대로, 영화는 영화사 초기부터 기술의 발달과 매우 밀접한 관계를 유지해왔습니다. 사운드의 도입, 컬러영화의 등장, 와이드 스크린의 탄생, 3D 영화의 개발 등 영화적 형식과 재현의 기술적 발전은 영화의 영역을 확장하는 데 많은 도움을 주었습니다. 제4차 산업혁명을 통해 새로운 영화 보기의 기회를 마련할 수 있고, 반대로 영화적 아이디어를 통해 제4차 산업혁명을 이끌 기회를 얻을 수 있을 것입니다.

| 접근
Access | 사용
Use | 이해
Understanding | 창작
Create |

학교 영화교육의 흐름

이처럼 21세기 디지털 세상에서 건강하게 소통할 수 있는 시민으로 성장할 수 있도록 조력하는 학교 영화교육은 영화 리터러시를 기반으로 영화 감상·제작활동을 통해 문화예술체험의 폭을 넓히고, 다양한 인간의 삶을 이해하고 폭넓게 영화 문화를 향유하는 인간을 양성하는 것을 목표로 하고 있습니다. 따라서 학교 영화교육은 영상을 비롯한 다양한 디지털 플랫폼과 콘텐츠에 접근할 수 있고, 이를 사용할 수 있고, 이해할 수 있으며, 새롭게 창조할 수 있는 능력을 키우도록 조력하는 일체의 교육활동이라고 할 수 있죠.

3) 학교 영화교육의 필요성

영화를 비롯한 다양한 디지털 플랫폼에 관한 관심은 매우 높지만, 실제 학교 영화교육에 대한 이해는 높지 않죠. 학교 영화교육을 수업 교보재로 활용하는 교육으로 이해하거나 단순 영화 감상으로 인식하는 오해도 발생합니다. 1950년대 영국에서 학교 영화교육이 시작된 이후 이러한 편견은 정도의 차이는 있지만 늘 존재해왔습니다. 이에 프로슈머(Prosumer)와 디지털 시대 학교 영화교육이라는 환경적 변화에 따른 측면에서 그 교육적 필요성에 대해 살펴보려 합니다.

53

(1) 프로슈머로서의 학교 영화교육

프로슈머란 생산자(producer)와 소비자(consumer)의 합성어로 제품 소비자가 제품 개발과 생산 과정에 참여하는 생산자의 역할도 할 수 있다는 의미로 사용됩니다. 지금까지 학교 영화교육에서 학생들은 영화에 대해 소비자로서 수동적인 역할에 머물러 있었습니다. 따라서 새로운 학교 영화교육을 통해 양방향적인 생산과 소비를 즐길 수 있는 교육을 제공해야 할 필요성이 제기되고 있습니다. 최근 유튜브 크리에이터에 대한 학생들의 관심은 바로 이런 프로슈머 관점에서 영화교육의 필요성을 보여주는 사례라고 할 수 있습니다.

(2) 디지털 시대의 학교 영화교육

현재 학생들은 다양한 디지털 플랫폼과 디바이스의 개발로 이에 대한 사용과 소비 시간이 급격하게 증가하고 있습니다. 청소년의 스마트 기기 사용에 대한 학부모의 걱정이 매우 큰 상황이지만, 이에 대한 적절한 교육이 부재하기도 합니다. 따라서 디지털 시대에 적합한 학교 영화교육을 통해 이를 해결하려는 노력이 필요합니다. 이처럼 청소년들은 이전 세대와는 다른 사회문화적 환경에 노출되어 있습니다. 디지털 시대에 체계적으로 잘 적응할 수 있고, 이를 적극적으로 활용할 수 있는 교육이 절실합니다. 현재 이를 가장 잘 담아낼 수 있는 교육이 바로 영화 리터러시라고 할 수 있습니다.

4) 학교 영화교육의 목표

초기 영화교육학자인 피터스(J.M.L. Peters, 1969)는 영화교육의 목표를 다섯 영역으로 구분해서 제시하고 있습니다. 첫째, 영화교육은 영화에 대한 학생들의 비평적 반응을 개발하는 데 조력하는 것을 의미합니다. 둘째, 영화교육은 일반 예술교육의 한 영역입니다. 셋째, 영화교육은 영화의 교육적 가능성을 설명하는 데 의의가 있습니다. 넷째, 영화교육은 영화라는 체제의 새로운 언어를 이해하는 능력을 길러줍니다. 다섯째, 영화 교사들은 매스미디어(영화와 TV를 중심으로 한 영상매체)에 대한 식견을 갖춰야 하며, 학생들의 인성발달에 영향을 미치는 활동이나 관심을 영화를 통해 찾아야 합니다. 한편, 랠프 아멜리오(Ralph Amelio, 1971)는 영화교육의 목표를 세 범주로 구분하고 있습니다. 첫째, 영화를 통해서 지식, 이해, 미적 즐거움을 얻을 수 있습니다. 둘째, 변별적 예술매체로서 영화의 매체적 특징을 알 수 있습니다. 셋째, 영화를 평가하는 확실한 규범을 발전시킬 수 있습니다.

한편 한국영화학회 영화교육위원회(2004)에서는 영화교육의 성격을 다음 세 가지로 구분해서 설명하고 있습니다.

첫째, 일상에서의 다양한 영상체험을 통해 영화로 표현되는 대상의 아름다움과 의미를 발견하며, 그러한 대상을 만들어내는 영화의 창조성을 이해할 수 있다. 둘째, 영상이 의미를 만들어내는 방식을 체험하고 이를 통해 사고와 감정, 정서를 표현하는 방법을

익힐 수 있다. 셋째, 영상매체의 감상과 토론을 통해 영화를 통해
표현된 다양한 가치관, 신념, 태도를 존중하고 이를 비판적으로
사고할 수 있는 능력을 기를 수 있다(한국영화학회, 2004).

이처럼 한국영화학회 영화교육의 성격은 교과의 특성과 학
생의 발달단계를 고려하여 이해와 체험, 창작과 표현, 감상과
사고로 이루어짐을 강조합니다. 일부 변화되기도 했지만, 현
재에도 이러한 기조는 유지되고 있습니다.

또한 이아람찬 외(2018)는 BFI 영화교육의 8Cs 접근방법
을 통한 학교 영화교육의 목표를 제시했습니다. 여기서 영화
교육의 접근방법을 8가지 범주로 구분했는데, 문화(Cultural),
비평(Critical), 창조(Creative), 컨텍스트(Context), 연계성
(Connectivity), 협동성(Collaboration), 진로(Careers), 호기
심(Curiosity)이 그것입니다.

영화진흥위원회가 제시한 교육 목표와 함께 영화 리터러시
의 개념을 도입하면 학교 영
화교육은 협동성, 비판적 사
고, 문화사회적 이해, 네티
켓, 진로, 연계성, 예술적 창
작이라는 목표를 통해 영화
교육의 내용을 구성할 수 있
습니다. 즉, 영화교육은 예
술 창작의 과정이며, 학생

영화 리터러시의 영역

상호간의 공동 작업을 통해 협업할 수 있습니다. 영화를 보면서 비판적 사고를 향상하며, 영화에 재현된 문화적이고 사회적인 문제에 대해 이해할 수도 있습니다. 그리고 인터넷과 다른 저작물을 사용하는 데 있어서 법규나 규범에 대해 이해하고, 영화 관련 직업이나 영화에서 제시된 직업에 대한 정보를

영화 리터러시의 영역과 내용

영역	설명	내용 및 적용
예술적 창작	영화교육은 예술 창작의 과정	• 영화적 예술의 이해 • 프리 프로덕션, 프로덕션, 포스트 프로덕션의 전 과정에 대한 이해를 비롯한 예술 창작의 과정을 다룸
협동성	학생 상호간 공동 작업을 통한 협업의 과정	• 영화 제작 과정에서 이루어지는 상호간 협업과 의사소통
비판적 사고	영화를 보면서 비판적 사고를 향상	• 영화를 감상하는 과정에서 수동적 수용이 아닌 능동적 수용 • 영화에 나타난 다양한 이데올로기를 살펴보고 이에 대한 토론과 토의를 통해서 비판적 사고의 확산과 공유
문화 사회적 이해	영화에 재현된 문화적·사회적 문제 인식	• 다양성에 대한 이해 • 편협한 차별에 대한 반성 • 사회 참여적 다큐멘터리를 제작하거나 감상하는 경험 제공
네티켓	인터넷과 다른 저작물을 사용하는 법규나 규범에 대한 이해	• 인터넷과 SNS의 안전한 사용 • 저작물의 사용 • 불법 다운로드에 대한 경각심 • 영진위의 '무비히어로' 캠페인 안내
진로	영화 관련 직업이나 영화에 제시된 직업에 대한 정보	• 영화 관련 다양한 직업의 제공 • 오프닝과 엔딩 크레딧에 나온 직업 설명 • 영화 내용에서 다루고 있는 다양한 직업의 세계
연계성	영화교육과 다른 교과나 리터러시 교육의 연계성	• SF 영화와 관련된 과학적 설명 • 영미권 영화를 통한 영어 문화의 이해 • 미술영화를 통한 다양한 화가의 삶과 작품 이해 • 문학 작품과 각색된 영화 비교

얻을 수 있습니다. 영화가 다른 교과나 리터러시 교육과 연계를 할 수 있다는 점도 매우 중요하게 다루고 있습니다.

따라서 학교 영화교육의 목표는 전통적인 영화교육의 개념을 보호주의적 관점에서 학생들을 바라보는 것이 아니라, 모든 영상 관련 플랫폼과 콘텐츠의 능동적인 소비와 생산을 주도적으로 진행하는 것으로 파악합니다.

5) 영화진흥위원회 영화교육 중점학교

영화진흥위원회의 중점학교에 앞서 이와 유사한 영국 BFI의 영화교육 브랜드로 필름클럽(FILMCLUB), 퍼스트 라이트(First Light), 인투 필름(Into Film) 등을 살펴볼 수 있습니다. 먼저, 퍼스트 라이트는 독창적인 디지털 영화를 만들거나 미디어 프로그램에 참여해 잠재력을 발휘할 수 있도록 청소년들에게 기회를 제공하는 지원 프로그램입니다. 영국 전역의 5세부터 19세에 이르는 청소년들이 지원 대상입니다. 2001년 처음 시행된 이래 영화와 미디어 프로젝트를 통해 시나리오, 연기, 연출, 조명, 촬영 등의 작업을 할 수 있도록 지원해왔습니다. 퍼스트 라이트를 통해 제작된 영화들은 다양한 범위의 주제와 장르를 넘나듭니다. 필름클럽은 교사와 학생들에게 방과 후 학교 영화클럽을 통해 영화의 세계를 탐구할 기회를 제공했습니다. 매주 무료 상영, 온라인 감상과 업계 행사 참여, 직접적인 후원 등을 통해 학생들에게 새로운 길을 열어주는 것을 목표로 하고 있습니다(윤하, 2011).

그리고 인투 필름에 따르면, 영화는 세계를 이해하는 방식을 확장하고 삶을 풍요롭게 할 수 있는 강력한 미디어, 중요한 예술의 한 형태이자 강력한 스토리텔링 매체로서 영화를 공교육에 포함해야 한다고 밝혔습니다. 또한, BFI는 2012년부터 BFI 영화 아카데미 프로그램을 시작했는데, 2015년부터는 영국 교육부의 지원을 받아 5년간 영국 전역의 5세부터 19세까지의 어린이와 청소년에게 영화교육을 제공합니다. 이 프로그램은 영화를 보고, 만들고, 이해하는 과정으로 진행하고 있습니다. 앞서 언급한 대로, 영화진흥위원회는 2019년 첫 학교 영화교육 사업을 시작했습니다. 지난해부터 올 초까지 부산 지역 초등학교를 중심으로 프로그램 기획 및 개발,

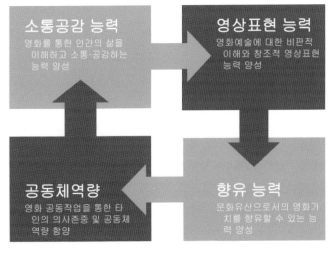

영화교육 중점학교의 교육 목표

학교 및 강사 선정, 중점학교 워크숍 등을 통해서 사업에 관한 연구와 이해를 높이고 있습니다. 영화진흥위원회는 영화교육 중점학교를 통해 학교 영화교육 목표를 다음과 같이 제시하고 있습니다(이아람찬 외, 2019).

기본적으로 중점학교를 통한 학교 영화교육의 목표는 영화 감상과 제작 활동으로 문화예술 체험의 폭을 넓히고 다양한 인간의 삶을 이해하고 폭넓게 영화문화를 향유하는 인간을 양성하는 데 있습니다. 이를 위해 제시한 구체적인 세부 목표는 영화를 통한 인간의 삶을 이해하고 소통·공감하는 능력 양성, 영화예술에 대한 비판적 이해와 창조적 영상표현 능력 양성, 문화유산으로서의 영화 가치를 향유할 수 있는 능력 양성, 영화 공동 작업을 통한 타인의 의사존중 및 공동체역량 함양 등이라고 할 수 있습니다.

■ 참고문헌

교육부, 「고교학점제 추진 방향 및 연구학교 운영 계획(안)」, 2017.
박수경, 「중학교 자유학기제 확대 발전 계획」, 교육부, 2017.
박주영, 「미디어교육법안 발의의 의미와 영화진흥위원회의 역할」, 영화진흥위원회, 2018.
윤하, 「영국영화진흥사업」, 영화진흥위원회, 2011.
이아람찬, 「영화교육의 개념 (재)정의하기」, 『씨네포럼』, 29호, 2018.
이아람찬, 『영화교육론』, 커뮤니케이션북스, 2005.

이아람찬·오세섭·장다나·박성현·정재성, 「청소년 영화교육 기본계획 연구」, 영화진흥위원회, 2019.

이아람찬·이종승·오세섭·박현우·고병정, 「청소년 영화 공교육 활성화 방안 연구」, 영화진흥위원회, 2018.

임윤희, 「중학교 협력예술활동의 이해」, 『서울교육』, 227호, 2017.

정윤경, 「4차 산업혁명에 따른 초·중등 진로 직업교육 방향」, 『서울교육』, 231호, 2018.

정재형·민경원·이아람찬·김선희, 「영화교육 교육표준 연구」, 『모드니 예술』 Vol.7, 2012.

한국영화학회 영화교육위원회, 「초·중등 영화교육을 위한 기초교육개념 연구」, 2004.

Klinger, Barbara, "Viewing Heritages and Home Film Cultures," in James Bennett and Tom Brown, *Film and Television After DVD*, London, Routledge, 2008.

Bazalgette, C., *Moving Images in the Classroom*, London: BFI, 2000.

Hague, C. and Payton, S., *Digital Literacy Across the Curriculum*, 2010.

UNESCO, *10 Things to know about Bradford UNESCO City of Film*, 2009.

문화예술교육 지원법. [http://www.law.go.kr].

Bradford City of Film. [https://www.bradford-city-of-film.com/ learn/film-literacy/].

School Education Gateway. [https://www.schooleducationgateway.eu/en/pub/latest/ news / film-literacy-developing-youn.htm].

3장 영화교육의 역사

　한국에서 제도권 영화교육이 본격적으로 시작된 것은 1953년 서라벌예술학교의 설립과 함께였습니다. 이후 동국대, 서울예대, 중앙대, 한양대 등에 연극학과, 영화학과 또는 연극영화학과가 개설되었고, 현재 수십 개의 대학에서 영화 전공자가 배출되고 있습니다. 이와 같은 영화교육의 비약적인 발전은 1990년대 이후 한국 영화산업의 밑거름이 되는 등 한국영화의 발전과도 밀접한 관련성을 지니고 있습니다. 이러한 영화교육의 성장과 확장에도 불구하고 한국영화사에서 영화교육의 역사는 여전히 변방의 역사로 인식되고 있으며, 따라서 영화교육사적 접근은 좀처럼 찾아보기 어렵습니다.

　그렇다면 한국에서 영화교육은 언제 시작되었을까요? 현장에서 도제식으로 이루어졌던 영화교육이 학교 커리큘럼으로 들어간 것은 앞서 언급한 대로 1953년으로 거슬러 올라갑니다. 우연하게도, 한국과 북한은 같은 해 각각 서라벌예술학교와 종합예술학교에서 영화교육을 시작하게 됩니다.* 이것이 국내 최초의 제도권 영화교육으로 기록되어 있습니다. 하지만 제도권 교육 이전에도 영화교육은 존재했습니다. 이 장에서는 한국 영화교육의 궤적을 크게 1953년 서라벌예대의 설립 이전과 이후로 구분하고, 이를 다시 네 단계로 나누어 살펴보겠습니다. 첫째, 한국 영화교육의 태동기는 조선배우학교를 기준으로 1924년에서 1952년까지로 서라벌예술학교 설립 이전까지의 기간. 둘째, 도약기는 1953년부터 1980년으로 청주대의 영화과 설립 이전까지의 기간. 셋째, 성장기는 1981년부터 1988년 단국대의 영화과 설립까지의 기간. 마지막으로 발전기는 1989년부터 현재까지 급격한 영화교육의 확대 시기를 지칭합니다.

1. 활동사진과 교육영화

국내뿐 아니라 세계 영화교육의 역사를 살펴보면, 초기에는 영화교육 자체보다 교육영화에 대한 관심이 높게 나타납

---

* 북한의 경우 연극, 영화, 출판보도 분야 인재 양성을 위해 1953년 종합예술학교를 설립했으며, 이후 1959년 평양연극영화대학으로 교명을 변경했다가 1972년 평양영화대학으로 개편합니다. 1988년 이후 평양연극영화대학이라 불리고 있습니다(디지털 북한 백과사전, http://www.kplibrary.com).

活動寫眞과
兒童敎育

近來에 活動寫眞은 民衆의 娛樂物로써 一大魅力을 가지고 朝鮮內에서 浸潤發展하는 途中에 잇다 常設館이라 하고 興行物이란 設備가 庶生하야 映畵가 잇슬 製作所의 映畵가 잇슬 것이니 吾人生活向上의 一面인 同時에 吾人心이 浮薄으로 기우러지는 것이 一點으로보아 다 勿論多少間 批評의 眼識이 잇는 어른들의 活動寫眞을 觀覽하는 것을 그다지 問題들삼 을것은 업스나 心志가 未定한 少年들로하야 곰 近代의 頹廢한 生活의 傾向을—더구나 性的方面의 好奇心을불기 爲하야 誇張하야 製作한 生活樣式과 男女關係를 一吾人은 屢次맛당한 바어니와 그대로보여준다는것은 敎育者나 社會指導者에게 가장생각할問題가될 것이다

활동사진과 아동교육(동아일보, 1928. 04. 05)

니다. 영화가 예술로 인정받는 데 일정한 시간이 필요했던 것처럼, 영화의 교육적 가치를 받아들이는 데도 많은 시간이 소요되었죠. 여기서 영화교육과 교육영화의 구분이 필요합니다. 먼저, 영화교육은 영화에 관하여 교수·학습이 이루어지는 일련의 과정을 의미합니다. 예를 들면, 국어, 영어, 과학 시간에 영화적 내용을 보조적으로 사용하는 것도 영화교육이지만, 우리가 생각하는 이상적인 영화교육의 모습은 아닐 것입니다. 반면, 20세기 초부터 영화를 교육적으로 활용하면서 많은 관심이 쏠렸는데, 이를 교육영화라고 할 수 있습니다. 교육영화는 다큐멘터리와 같이 시청각 자료로 직접 교수과정에서 사용되기도 하며, 일부는 극장 개봉용이 아니라 전적으로 교육용으로 제작되는 일도 있습니다. 상업영화도 내용상으로 교육적 가치가 있어 특정 교과에서 활용되는 예도 있는데, 이 또한 교육영화의 범주에 들어갑니다.* 따라서 교육대상에 따

---

* 통합교육적인 차원에서 영화교육을 바라보면, 국어 시간에 시나리오를 배우

兒童과 活動寫眞

아동과 활동사진(동아일보, 1927. 12. 13)

라 모든 영화가 교육영화가 될 수 있는 것입니다. 교육영화에 대해서는 추후 다시 논의할 예정입니다.

영화가 대중에게 알려지기 시작하면서 영화와 아동교육에 대한 논의가 빈번하게 나타났습니다. 1920년대 주요 신문기사를 살펴보면, 새로운 매체인 영화와 영화교육에 대한 당시 고민이 그대로 녹아 있습니다. 다시 말해, 어린 학생들에게 어떤 영화를 어떻게 보여줄 것인가에 대한 진지한 고민이 나타나기 시작했습니다. 위 신문 기사를 살펴보면, 당시 조선에 상설 극장이 늘어나면서 오락으로서 영화에 대한 대중의 관심이 높아졌음을 알 수 있습니다. 다시 말해, 어른들은 비평적 안목이 있으므로 영화 관람의 문제가 없지만, 청소년들에게는 영화가 악영향을 줄 수 있음을 지적하고 있습니다. 특히

면서 국어교육과 영화교육이 적절하게 조우하게 됩니다. 이는 단순히 영화를 도구로 국어 수업을 진행하기보다는 영화의 교육적 내용을 담고 있기 때문입니다. 반대로 과학 시간에 화산 폭발 모습을 보여주기 위해 재난영화를 보여주었다면 이는 통합교육이라기보다는 교육영화의 범주에 해당합니다.

영화가 성적인 호기심을 위해서 과장되거나 남녀관계 등을 왜곡할 수 있으므로 어린 학생들에게는 큰 문젯거리가 됨을 언급하고 있습니다.

「아동과 활동사진」을 보면, 미국, 일본, 유럽에서는 교육영화 제작을 통해서 교육에 활용하는 예도 언급하고 있으며, 이러한 영화는 교육적 가치가 있다고 주장하기도 합니다. 그러나 앞의 기사와 같은 논조로 어른을 위한 영화를 학생들이 관람할 경우 큰 문제가 될 수 있음을 다시 한 번 강조합니다. 기사는 좋은 영화와 나쁜 영화를 구분해서 학생들에게 제공해야 함을 재차 강조합니다. 지금까지 언급한 기사의 내용을 종합적으로 살펴보면, 영화를 수용하는 데 보호주의적 관점을 취하고 있음을 알 수 있습니다. 여기서 보호주의란 영화나 다른 영상미디어로부터 청소년을 보호하기 위해 그들의 접근을 차단하는 것을 강조하는 관점입니다.

그렇다고 당시 모든 기사가

미래의 교육은 영화로부터
(동아일보, 1927. 08. 05)

영화를 비교육적이라고 단정한 것은 아닙니다. 「미래의 교육은 영화로부터」에서 보듯 프레드 니블로(Fred Niblo) 감독의 말을 언급하면서, 교육영화의 필요성을 예견하고 있습니다. 니블로는 가까운 미래에 초등학교부터 대학교까지 영화의 도움으로 교육이 이루어질 것이며, 구체적으로 어린이들이 영어 파닉스를 학습하는 데 영화가 이용될 것임을 주장합니다. 즉, 실사적이고 경험적인 부분에서 영화의 교육적 가치를 인정하기 시작한 것이죠. 오늘날의 시점에서 보면 그의 예견은 100% 적중했다고 볼 수 있습니다.

2. 조선배우학교

1924년 근대극 운동의 선구자인 현철과 영화감독 이구영은 조선배우학교를 함께 설립합니다. 조선배우학교는 국내 최초로 배우를 양성했다는 점에서 큰 역사적 의미를 지닙니

조선배우학교의 출현(동아일보, 1924. 12. 13) 배우학생모집(1926. 01. 24)

다. 조선배우학교에서는 무대극과 영화극으로 구분해서 교육이 이루어졌으며, 교육 기간은 1년으로 복혜숙, 이금룡, 박제행 등이 제1기 조선배우학교 출신입니다.

조선배우학교의 설립 목적은 위 기사를 통해 알 수 있습니다. 극계에 이름이 있는 현철과 이구영 등을 중심으로 서울 종로구 와룡동 72번지에 조선배우학교를 설립하였고, 목적은 무대극과 영화극 등의 배우를 양성해서 조선예술계에 새로운 빛을 보기 위함으로 1925년 1월 5일부터 보통과와 고등과로 나누어 약간의 입학금이 있으되 월사금은 무료로 남녀를 불문하고 입학을 허가한다고 밝히고 있습니다.

사실 조선배우학교에서 영화 제작 과정은 준비하지 못했습니다. 하지만 이구영은 영화극에 출연하는 배우에게 영화 이론을 강의했습니다. 이 배우학교 출신인 이금룡은 자신의 영화에 대한 열정을 다음과 같이 설명하고 있습니다.

내가 영화계에 나온 것이 어느덧 10년이 훨씬 넘는 모양인데 그렇게 가난하고 구차스럽던 영화계에서 어떻게 10여년을 하루같이 걸어왔는지 스스로 다시 한 번 놀라지 아니할 수 없는 일이다. 회고하건대 그때만 하여도 이따의 문화수준은 남달리 뒤져서 연극과 영화의 문화적 가치를 인식치 못하고 일반 사회인사들은 배우라하는 것을 비천하기 짝이 없는 것으로 푸대접하던 것이 통례였다. 옛날 화랑도의 빛나는 정신은 본받으랴 하지 않고 왜곡의 길로 곧장 줄다름질 처서 사회로부터 위엄과 신망을 송두리채 잃

어버린 광대(廣大)들과 문화지도정신을 품고 저들 세대에 부여(賦
與)된 과제를 푸러보라고 허덕이는 신극인과 영화인을 혼동해서
갓바치 혹은 백정을 얏잡어 보듯 업수이 여기던 시절에 나는 이
따의 영화문화를 위해서 몸을 밭이겠다는 커다란 야망을 품고 때
마침 조선(朝鮮)에 처음으로 탄생한 『연극의 집』 문을 두드리었
다. 그것은 곧 항사(恒師) 현철(玄哲)선생의 경영인 조선(朝鮮)배
우학교었다(임금룡, 1941).

3. 조선영화예술협회

조선영화예술협회는 1927년 이경손, 김을한, 이우, 안종화
등에 의해 설립되었습니다. 이 협회에 중요한 인물로 참여한
안종화는 "조선영화예술협회가 결성된 것은 1927년의 일이
었다. 이 예술협회를 발기(發起)한 사람들은 한동안 영화계에
서 떠나 장편소설 〈백의인(白衣人)〉의 신문 연재를 끝낸 이경
손(李慶孫)을 비롯해서, 조선일보사 기자였던 김을한(金乙漢),
그리고 이우(李愚)와 안종화(安鍾和)였는데, 이들은 그해 삼
(三)월, 인사동(仁寺洞)에 있는 고급 요정 장안관(長安舘)에서
발회식을 거행했다. 이우는 본명이 이재현(李載峴)으로, 도오
꾜오 유학에서 돌아와 우미관 앞에서 조선 사진관이라는 대
규모의 사진관을 경영하다가 재정을 담당키로 하고 이 발기
에 참가한 것이었다"고 언급했습니다(안종화, 1998).

그에 따르면, "이 영예(조선영화예술협회)는 당초의 계획대

로 유능한 신인을 양성해 보자는 뜻에서 연구부(研究部)를 신설하고 신인을 모집했는 바, 100여 명의 지원자가 쇄도함에 그중 20명을 선발해서 연구생으로 삼았다. 이들에게 1년간에 걸쳐 영화 이론을 비롯하여 분장술(扮裝術)과 연기 실습을 습득케 한 결과, 처음이자 동시에 마지막인 졸업생을 내게 되었는데, 이때 영화계에 나온 사람이 김유영(金幽影), 임화(林和), 추영호(秋英鎬), 서광제(徐光濟), 조경희(趙敬姬) 등 20명이었다(안종화, 1998)." 이처럼 조선영화예술협회 연구부에서 영화교육을 받은 대표적인 인물로 김유영, 임화, 추영호, 서광제, 조경희 등이 있습니다.

조선영화예술협회 연구부 학생들은 〈낭군(이리떼)〉 제작과정에서의 갈등으로 감독인 안종화를 제명하고(일명 안종화 사건) 독자적으로 영화를 제작했는데, 이 영화가 바로 김유영

영화예협창립과 초작
〈홍염〉(동아일보,
1927. 03. 18)

撮影中의「流浪」
陰正月에 開封될듯

추분한자 신파 완전히 월비를가
지고지난 딸은해남한산성(南
漢山城)으로프로케-슌을촬
발한조선 영화예술협회(朝鮮
映畵藝術協會)서는그간삼십
여명원으 야외촬(野火) 롤노코
맹렬한취와와 긴혼(緊婚)둔과 싸우
며착착진영수인데 느끼도우력
정월십일경이 경성서개봉되
리라며
(○사진은촬영중에있는
『유랑』의한장면○)

「일이쎄」
撮影開始
O:朝鮮映畵藝術協會서

시내례지톡(體智洞)백번디에잇
는조선영화예술협회(朝鮮映畵
藝術協會)에서는 첫작품으로안
종화(安鍾和)씨감독하에일어셐
다는데주염으로김철(金鐵)군파진
혜순(秦惠淳)녀사이려디대일
고연우산 일동의 조연하리라며
타

〈일이떼〉 촬영개시(동아일보, 1927.12.12). 촬영중의 〈유랑〉(1928.1.17)

감독의 〈유랑〉입니다(조준형, 2006). 김유영은 1925년 보성
중학교를 졸업하고 1927년 조선영화예술협회 연구부에서 영
화 수업을 받고 이 협회의 첫 작품인 〈유랑〉(1928)과 〈혼
가〉(1928) 등을 연출했으며, 「영화가에 입하야」(1929), 「세계
프로영화발달사」(1930), 「영화예술운동의 신방향」(1932) 등을
발표함으로써 영화 이론에 관한 연구도 진행했습니다(김선
학, 2001). 한편 안종화는 1927년 조선영화예술협회에 가담
했다가 이후 1928년 조선문예영화협회를 조직하는 데 중요
한 역할을 하게 됩니다. 해방 후 그는 서라벌예술대 연극영화
학과 교수와 이 대학의 학장을 역임하기도 했습니다.

4. 조선문예영화협회

조선문예영화협회는 윤백남에 의해 1928년 설립되었습니
다. 극작가로 이 분야에 많은 공헌을 한 윤백남은 조선영화의

성장과 발전을 위해서 영화학교의 필요성을 인식하고 조선문예영화협회를 조직하게 됩니다. 이후 후학 양성에 큰 노력을 한 안종화도 동참하게 되지요.

안종화에 따르면, "영화예술협회가 그 산하(傘下)에 연구부를 두어 신인을 양성한 것은 사실이나, 그 운영 면에 있어서는 실상 안종화 혼자서 꾸려나가다시피 했기 때문에, 모든 면이 불충실하기 짝이 없는 것이었다. 따라서 그것을 진정한 영화학원이라고 말할 수는 없을 것 같다"고 말했습니다(안종화, 1998). 한편 그는 다음과 같이 조선문예영화협회에 대해 기술하기도 했습니다.

본격적으로 영화학원이 이 땅에 탄생한 것은 1929년이었다. 문예영화협회(文藝映畵協會)가 그것이다. 이 문영(文映)은 윤백남(尹白南)이 착안해서, 이기세(李基世), 김운정(金雲汀), 염상섭(廉尙

조선문예영화협회 조직(동아일보, 1928. 11. 03)

變), 양백화(梁白華), 일본인 오오따(太田), 송택훈(宋澤薰), 박상진(朴相眞), 안종화(安鍾和) 등이 이에 찬동함으로써 창립되어 연건동(蓮建洞)에 사무소를 두었다. 신인 양성과 영화 제작의 2대 목표를 내걸었으나, 막상 당해 보니 영화 제작이 손쉬운 일이 아니었으므로, 우선 신인 양성에 주력(注力)키로 했다. 그래서 연구생을 대대적으로 모집했더니, 최고 학부에 적을 두고 있는 사름을 비롯해서 응모자가 100여 명이 넘었다. 결국, 시험을 보여 26명에게만 입학을 허용하고 강의를 시작했는데, 강사로는 근대극(近代劇)에 윤백남(尹白南), 중국 문학에 양백화(梁白華), 한국 문학에 염상섭(廉尙燮), 영화에 안종화(安鍾和)였다. 수업 과정은 학과와 실기(實技)를 고루 가르쳤는데, 전반기 3개월은 학과, 후반기 3개월은 실기를 주로 했다. 그러나, 이 문영 또한 영예와 다름없이 1기생을 마지막으로 해산되고 말았으니, 예나 지금이나 영화학원의 운영이란 용이한 일이 아닌가 보다(안종화, 1998).

안종화에 따르면, 조선문예영화협회의 설립이 1929년으로 되어 있는데 당시 신문 등의 자료를 살펴보면 1928년으로 언급되어 있습니다. 조선문예영화협회는 이기세, 염상섭, 양백화, 김운정으로 이사를 구성하였고, 전공은 극반, 영화반, 기술부 등으로 세분화했습니다. 윤백남은 안종화, 태전동 등과 함께 조선문예영화협회를 설립하고, 연구생 모집과 동시에 영화교육을 시작했습니다.

조선문예영화협회는 연극론, 무대감독의 이론과 실제, 영화촬영술, 중국희곡, 근대극 강의, 배우술각본작법, 영화 강의, 기능일반개념 사진광학, 사진수학, 사진화학, 제화론, 제화실습 등 연극과 영화를 모두 교육했습니다. 그러나 조선배우학교와 조선영화예술협회처럼 조선문예영화협회도 1년 남짓 운영 후 경영난으로 더는 연구부를 유지할 수 없게 되었습니다(이아람찬, 2012).

朝鮮文藝映畵協會 研究生募集

作日本지에 보도한 조선문예영
화협회(朝鮮文藝映畵協會)는 리
사(理事)로 리긔세(李基世)를 렴
상섭(廉想涉) 량백화(梁白華) 김
운졍(金雲汀) 씨의 협력으로써
사업을진행하기로되바 극본
班)영화반(映畵班)기술부(技術
部)의 뎨일회연구생(第一回硏
究生)을 모집하게되엇는데 사계
에 뜻있는유지들의 속히 련지동
(蓮池洞)一二五八번디동화사무소
로조회또는래문하기바란다하며
강습과목은 演劇論、舞蹈監督
의 理論及實際、映畵撮影術、支
那戲曲、近代劇講義、俳優術
本作法、映畵講話、카메라機能
及一般槪念主光學、寫眞數
學、寫眞化學、製畵論、製畵實
習等、演劇及映畵의파론과、실
디를아울러교수하게된다더라

조선문예영화협회
연구생 모집
(동아일보, 1928.
11. 04)

5. 영화교육 운동과 해외 영화교육의 수용

지금까지 조선배우학교, 조선영화예술협회, 조선문예영화협회 등 초창기 한국영화교육사에서 실제로 영화교육을 진행했던 곳을 살펴보았습니다. 이러한 실제적인 영화교육과 함께 다른 방법을 통한 영화교육도 찾아볼 수 있습니다. 특히 경성학우영화회의 활동, 해외 영화학교에 대한 소개를 통해 우리 현실을 직시하려는 노력, 그리고 조선에 영화학교 설립이 필요하다는 주장까지도 나오기 시작했습니다.

먼저 경성학우영화회는 초·중등학생들에게 영화 감상을 제

학생영화회(동아일보, 1936. 03. 19)   영화교육좌담회(1940. 03. 15)

공하는 것을 통해 대중적인 영화교육을 펼쳤습니다. 그리고 영화교육에 대한 진지한 토론을 담은 좌담회 등을 개최하기도 했습니다. 당시 국내에는 일관성 있고 체계적인 영화교육이 이루어지지 않았기 때문에 해외 사례를 통해서 영화학교의 설립을 역설하는 경우가 많았습니다. 특히 이태리 영화대학에 대한 소개도 함께 이루어졌으며, 심지어 박을라의 「모스꾸바 영화학교 참관기」에서는 구체적인 커리큘럼까지 소개하고 있습니다.

다음 기사는 무솔리니에 의해 세계 최초로 영화대학이 로마에 설립되었다는 내용을 전하고 있습니다. 이 대학에서는 영화배우를 양성하며, 연출, 촬영, 영화음악 등을 교육할 것이라고 보도하고 있습니다. 한편, 박을라는 모스크바 영화학교를 직접 참관하고 이 학교의 교육과정에 대해 다음과 같이 기술합니다.

무쏘리니首相

映畵大學設立

俳優、監督、캐메라맨도養成

伊太利에서는 무쏘리니首相이 熱心하고 잇는데 其名稱의 映畵技術者를 敎育할 方針이며 映畵家技術의 一翼으로 最近되다 映畵大學을 設立하기로되여 今世界計劃의 一環으로 伊太利 映畵를 製作하야 今次計劃이라 今次計劃이라 學生惠澤이안이나 어느나라 各에 依하야 國立으로 그同子는 헐리웃드에 映畵 伊太利 救濟할수잇는것이며 또 日本 하리라고 期待하는 있다는것이다

무쏘리니수상 영화대학설립
(동아일보, 1937. 10. 14)

모스크바 영화학교*는 촬영과(수업년한 4년, 정원 180명), 감독과(수업년한 3년, 정원 189명), 각본과(수업년한 4년, 정원 111명), 기술과(수업년한 3년, 정원 44명), 배우과(수업년한 4년, 정원 71명) 5개 분야로 세부 전공이 분리되어 있었습니다. 이 가운데 감독과 교육과정을 살펴보면, 전체 교육과정을 크게 5개 과목으로 구분합니다. 구체적으로 사회정치과목, 예술과목, 전문과목, 기술과목, 일반교육과목이 제공되고 있습니다. 이 중에서 예술과목은 예술방법론, 미술사, 19세기/20세기문학, 소비에트동맹민족문학과미술, 서양문학, 극작술, 연극학, 음악학 등이 포함되어 있으며, 전문과목으로는 영화사, 감독술, 창작방법론, 시나리오 등이 포함되어 있습니다.

박을라는 모스크바 영화학교 방문 시 당시 이 학교 교수인

---

* 가르딘(Vladimir Gardin) 감독이 세운 세계 최초의 영화학교로 1919년 개교했으며, 현재 러시아 국립영화대학(VGIK)으로 이름이 변경되었습니다. 에이젠슈타인(Sergei Eisenstein), 푸도프킨(Vsevolod Pudovkin) 등이 여기에서 후학을 양성했으며, 본다르추크(Sergei Bondarchuk), 클리모프(Elem Klimov), 타르코프스키(Andrei Tarkovsky) 등을 배출했습니다.

푸도프킨과 에이젠슈타인을 만나지 못한 아쉬움을 다음과 같이 토로하기도 했습니다.

에젠슈타인이나 푸도푸킨과 같은 명감독들도 교수의 이름에 나열되어 있었음니다. 내가 이 학교에 견학을 갓었을 때에는 마츰 푸도푸킨은 혁명 15주년 기념에 봉절(封切)할 음화(音畵)의 촬영으로 분망중(奔忙中)이였고, 에젠슈타인은 다소간 몸에 고장이 생겨서 휴양하고 있었음으로 유감되게도 이 두 분은 학교에서 만나지를 못하였음니다. 그 후에 나는 푸도푸킨을 「쏘유-즈키노」 촬영소에서 한번 만난 일이 있었음니다(박을라, 1935).

그는 모스크바 영화학교의 교육과정에서 높은 수준의 영화교육이 이루어지고 있음을 확신하고 있었습니다. 또한, 본 교육과정을 자세하게 기록함으로써 이후 조선에서 영화학교 설립 시 중요한 자료로 활용될 것으로 믿었습니다.

내가 이 학교에서 어든 교안(敎案)은 우리의 영화계-영화교육-에 있어서도 적지않은 암시를 줄 것으로 밋슴니다. 우리의 영화계-영화교육-가 여하(如何)히 유치하며 「데다라메」한지는 그것은 다만 자본주의적 흥행의 결함(缺陷)이라고 일어(一語)로 쓰려버리기에는 너무나 큰 결함(缺陷)이 않이라 할 수가 없을 것임니다. 내가 어든 교안(敎案)의 일부를 이하에 참고로 적어둘가 함니다. 그것을 보아도 아실 것임니다마는 이 학교는 상당히 정도가 놉흔 교

備考	備考	一般教育課目					技術課目			專門課目						藝術課目									社會政治課目						
		總計	計	4.軍事及體操	3.新語學(英語)	2.敎育學	1.心理學	計	2.映畵版	1.映畵技術	計	5.써나리오	4.狹義專門	3.創作方法論	2.監督術	1.映畵史	計	8.音樂學	7.演劇術	6.創作術	5.西歐文學	4.土同古民族文學及美術	3.一九世紀二〇世紀起文學	2.繪畵造型美術史	1.藝術方法論	計	4.사뼈-ㅅ經濟學	3.(恭)	2.經濟理論	1.辨證法的唯物論	經濟學	

감독과 예술영화부 교안(박을라, 1935)

육을 생도들에게 주는 것입니다(박을라, 1935).

한편, 1941년 안석주는 조선영화학교 설치론을 통해서 조선영화의 구조적인 문제로 영화를 교육할 수 있는 학교 설립을 강조했습니다. 이러한 영화학교를 통해서 영화학도들을 체계적으로 양성한다면 촬영과 연출 등의 실제적인 분야에서 많은 발전을 예상하기도 합니다. 그는 조선영화 발전에 필수적인 학교설립을 다음과 같이 주장하고 있습니다.

조선 영화의 침체는 여러 가지 원인이 있겠으나 학리적(學理的)으로 영화를 연구하는 사람이 많지 않은 까닭이다. 물론 이론보담도 실제에 있어서 실력이라는 것은 기술의 수련에도 있겠으나 우선 캐메라를 구사하지 전에 그 캐메라의 내부 조직과 그 기계의 원리를 몰라가지고는 캐메라 렌즈 앞에 필터-를 여러 가지로 끼고 촬영을 한다 해도 그 캐메라의 성능을 충분히 발휘할 수가 없다. 또는 금일에 조선 영화의 씨나리오의 빈곤은 영화작가의 문학의 소양의 결핍(缺乏)을 말하게 된다. 따라서 영화에 있어서 모든 근본 지식에 해박(該博)치 못함이 아닐가. 감독(연출자)의 감각은 단순히 필림의 매력에 의존하지 않고 그 이성(理性)의 발달에 있을 것이니 그 이성의 발달이란 학문에서 오는 것이라 할 수 있다. 그런 까닭에 조선 영화의 향상(向上) 발달(發達)을 기도(企圖)하고자 한다면 우선 영화학도(映畵學徒)가 있어야 한다. 다만 경험만을 가지고는 그 큰 힘이 되지 못하는 까닭이다. 내지(內地)에서는 이 영화의 발달을 촉진시키기 위해서 임이 영화학교의 건립이 제창되었음으로 더욱이 내지(內地) 영화계보담도 뒤떠러진 조선 영화에 있어서는 이 영화학교 건립이 급선무라 아니할 수 없다(안석주, 1941).

안석주는 영화학교 설립의 가장 큰 걸림돌로 자금 부족을 지적하고 있습니다. 그는 가까운 장래에 실현될 것으로 예상했는데, 그 후 서라벌예대의 출현까지 13년을 더 기다려야 했습니다. 안석주는 영화학교의 과목으로 단순하게 영화와 관련된 것만 다루는 것이 아니라 예술이나 자연과학도 포함해야 하고, 실습을 위한 시간도 충분히 고려해야 한다고 주장했습니다. 마지막으로 이러한 영화학교의 성격도 제도권 교육인 전문학교나 대학 수준이 되어야 함을 재차 강조합니다.

그래서 영화인계에서도 이런 의견을 가진 이가 많은 것 같은데 이 영화학교를 세우는 데는 여기에는 거대한 자금이 소용이 되므로 구체적 실현은 경솔히 장담할 수 없지만, 가까운 장래에 실현되리라 생각한다. 이 학교가 건립이 된다면 영화 전반에 관한 과목도 있겠지만 기타 자연 과학이라거나 예술 전반에 대한 과목이 있어야 하겠고 실험 시간 즉 촬영소에서의 실제 각 부문의 기술을 연마수득(鍊磨修得)하는 시간도 배치해야만 될 줄 안다. 앞으로 긱 제작기관이 합동이 되어 대촬영소가 건설되는 때는 반드시 이 영화학교가 서야 하겠고 이 학교에서는 이 학교의 출신의 신(新)영화인들을 이 촬영소에서 다량으로 채용하도록 되어야 할 것이다. 그리고 적어도 이 영화학교 출신은 그 학력에 있어서도 전문학교나 대학 정도가 아니면 조선 영화의 급속한 발전이 어려울 것이다(안석주, 1941).

그동안 한국영화에 대한 통사적 접근을 다룬 자료나 문헌들은 많으나, 이들 자료나 연구에서 영화교육에 관한 내용을 찾아보기란 쉽지 않습니다. 그나마 간헐적으로 한국영화사를 기록한 단행본이나 신문과 잡지에 영화교육에 대한 언급을 찾을 수 있다는 것에 만족해야 했죠. 비록 제도권 교육은 아니지만, 이러한 연구 결과를 통해 조선배우학교, 조선영화예술협회, 그리고 조선문예영화협회에서 영화교육을 제공했다는 사실을 확인할 수 있었습니다. 그러나 이들이 내부 갈등이나 재정적인 문제로 연구생 운영을 1년 남짓밖에 하지 못한 것은 제도권 영화학교의 설립이 지연된 점과 관련지어 설명할 수 있습니다. 그리고 그동안 연구자들의 관심을 받지 못했던 초기 한국영화교육 연구를 통해 비록 국립영화학교의 틀을 마련하지 못했지만 이를 위한 다양한 형태의 영화교육을 구체적으로 확인할 수 있었습니다.

6. 1950년대 이후 영화교육의 발전

지금까지 1953년 이전의 영화교육에 관한 내용을 살펴보았는데, 지속적이고 일관성 있는 정규 교육과정을 제공하지는 못했습니다. 한국 영화교육의 도약기는 1953년부터 1980년까지의 기간으로 동국대, 서라벌예대, 서울예전, 중앙대, 한양대 등 제도권에서 전문적인 영화교육의 틀을 형성하는 계기를 마련하게 됩니다. 즉 1953년 서라벌예술학교를 시작으로 1970년대까지 동국대, 서울예전, 중앙대, 한양대 등 일부 대학에서만 영화교육이 이루어졌습니다.

김수남(1997)은 "한국에서 제도적으로 영화교육이 시작된 것은 53년 윤백남의 2년제 서라벌예술학교에서부터다"라고 주장했습니다. 앞서 일제강점기에 조선문예영화협회를 설립한 윤백남은 1953년 서라벌예술학교를 세우고 초대 학장으로 재직했었죠. 서라벌예술학교는 1957년 서라벌예술초급대학으로 변경되었고, 1964년 4년제 대학 인가를 취득해 서라벌예술대학으로 거듭났습니다. 당시 서라벌예술대의 학과 및 정원은 연극영화과 4학급 100명, 음악과 4학급 80명, 미술과 4학급 80명으로 이루어졌으며, 1972년 2월 연극영화과 대학원 설치인가를 받았습니다. 그러나 1974년 서라벌예술대는 중앙대에 인수되어 중앙대 예술대 연극영화과로 통합됩니다.

이렇게 시작한 제도권 영화교육은 1953년 서라벌예술학교 연극영화과, 1959년 중앙대 연극영화과, 1960년 동국대 연극과, 그리고 1960년 한양대 영화과 순으로 연극영화교육이 이루어지게 됩니다. 동국대의 경우 연극부터 시작해서 영화를 포함하는 과정으로 거듭났는데, 학과 개설 당시 동국대 교무과장직을 맡은 장한기는 연극교육을 위해 유치진을 희곡론 강사로 초빙하였고, 이와 함께 백성욱 총장에게 연극과 설립의 필연성을 재차 강조하기도 했습니다. 마침내 그는 학과 설립 약속을 받아내는 데 성공했으며, 이를 위해 학과 설립의 취지문, 커리큘럼 등을 작성해 문교부에 학과 설립을 신청하기에 이릅니다. 마침내 1959년 연말에 인가를 얻어내 연극과의 설립이 국내 처음으로 이루어졌습니다. 특히 동국대의 경우 교수진은 유치진, 이해랑, 김정환, 장한기 등 4명에 양주동, 여석기, 이광래, 이근삼 등이 강사로 초빙되었습니다. 첫 입학생은 20명으로 첫 강의는 1960년 4월 4일에 시작되었으나, 바로 이어서 4·19 학생의거와 5·16군사혁명이 잇달아 일어나 첫해부터 휴강 상태가 오랫동안 지속되었습니다. 그리고 1963년 연극영화 통폐합으로 연극영화과가 되었고, 1969년 유치진이 퇴임하면서 유세형이 영화 부문을 전담하게 되었습니다(김흥우, 2011).

한편, 동국대 문화예술대학원 개원식이 1995년 3월 21일 이루어졌는데, 이는 국내 대학 중 최초로 개설된 것으로 연극영화과가 기존 일반대학원과 더불어 특수대학원에서도 설치되는 계기를 마련했습니다(배병문, 1995). 2001년에 전문대학원으로 설립인가를 받은 동국대 영상대학원 영화영상과는 제작석사(MFA)와 제작박사(DFA) 과정을 마련했는데, 특히 제작박사 과정은 국내에 처음 도입된 것입니다. 제작박사의 경우 미국에는 없지만, 한국과 영국의 일부 대학에서 운영하고 있습니다.

한편, 중앙대의 경우 1959년 3월 국내 최초로 4년제 정규과정으로 문리과대학 연극영화과가 설립되었으며, 1974년 서라벌예대와 합병하는 과정에서 예술대로 소속이 변경되었습니다. 미국 유타주 대학원에서 연극 석사학위를 받고 귀국한 양광남이 과주임으로 초기 학과운영에 큰 노력을 기울였습니다. 당시 영화교육은 김정옥과 태길성이 담당했는데, 그들은 영화연출과 영화감독론, 촬영실기와 이론 등을 가르쳤습니다(김남석, 1972). 중앙대의 경우 1968년 국내 최초로 대학원 과정에 연극영화과 석사과정을, 그리고 1988년 박사과정을 개설했습니다.

한양대의 경우는 1960년 유일하게 영화과를 만들었지만, 당시 문교부의 유사학과 통폐합 조치로 연극영화과로 변경되어 현재까지 유지하게 됩니다. 현재 국내 대학의 영화과는 연극영화과(부) 또는 영화과(전공) 등으로 혼재되어 있습니다. 초기 서라벌예대가 연극영화를 함께 쓰기 시작한 점도 있지만, 영화와 연극을 함께 묶은 근본적인 원인은 정부 정책에 기인한 것이죠. 바로 1964년 당시 문교부의 유사학과 통폐합 조치로 영화와 연극이 같은 학과로 편제됩니다. 이후 신설된 대학은 대부분 연극영화과라는 학과명을 적용했으며, 이러한 기조는 현재까지 유지되고 있습니다. 특히 학과통폐합에 대해 신강호(2006)는 "1964년 문교부의 대학 유사학과 통폐합이라는 정책에 따라 동국대와 한양대는 학과 창설 당시의 특성을 잃어버리고 연극영화학과라는 명칭을 쓰게 되었다"고 하면서, 정부의 인위적인 학과통폐합을 비판했습니다.

비록 도약기에 나타난 내용은 아니지만, 정부 당국에 의해 일방적으로 적용된 학과통폐합 정책으로 인한 폐단을 느낀 일부 대학에서 영화와 연극을 분리하는 움직임이 나타났습니다. 중앙대는 1989년 연극영화과를 연극과와 영화과로 분리했으며, 동국대는 2001년부터 학과 편제를 두 개로 나눠 운영하고 있습니다. 두 대학 모두 연극과 영화의 체계적인 전문성을 살린 커리큘럼을 제공하기 위해 학과 분리를 선택한 것입니다. 이승구(1994)에 따르면, "연극과 영화는 원래 상이한 특성을 지닌 예술 형태인 만큼 이를 하나의 학문으로 연구하는 데는 많은 어려운 점이 있었던 것이 사실이지만 독립된 영화학과로 분리됨으로써 이러한 불합리성은 깨끗이 해결되었다"고 주장했습니다. 한양대의 경우 2007년에 연극과 영화가 분리되었지만, 이후 2011년부터 다시 두 학과가 통합되어 현재의 연극영화과를 유지하고 있습니다. 그래서 2011년도 입학생부터 예술학부 연극학 전공과 영화학 전공은 연극영화과로 통합해서 선발하기 시작했습니다.

　한국 영화교육의 성장기는 1981년부터 1988년 단국대의 학과 설립까지의 기간입니다. 이후 1981년 청주대와 1983년 경성대에 연극영화과가 설치되었죠. 이어서 1984년에는 1년 과정의 한국영화아카데미가 개교하기에 이르렀고, 1988년 단국대에서도 연극영화과를 설립하였습니다. 청주대는 예술대학 내에 연극영화과를 설립함으로써 그동안 서울에서만 영화교육을 받을 수 있던 한계를 극복하는 전기를 마련했습니다. 마찬가지로 경성대가 1983년 3월 학과를 개설함으로써 부산 지역에 연극영화과를 최초로 소개했습니다. 당시 항구도시라는 이미지 일색이었던 부산은 경성대의 영화교육을 계기로 현재의 영화 도시 부산을 만들어내는 밑그림을 그릴 수 있게 되었습니다.*

---

* 사실 일본과의 지리적인 근접성으로 부산은 영화 도시의 명성을 오래전부터 갖고 있었습니다. 예를 들면 1924년 부산에 설립된 국내 최초의 영화사인 조선키네마주식회사가 있었고, 부산은 그 외에도 한국영화사에서 자주 언급되었습니다. 이처럼 부산은 영화 도시로서의 면모를 오래전부터 확인할 수

그동안 사립대학 중심으로 이루어진 영화교육은 1984년 새로운 전환점을 맞게 됩니다. 바로 한국영화아카데미 설립과 더불어 국가라는 든든한 후원자를 만나게 된 것입니다. 현재 한국영화아카데미 졸업생들은 영화 현장에서 눈에 띄는 성과를 내면서 많은 주목을 받고 있습니다. 특히 한국영화아카데미에 대한 소고를 백창화(1992)는 다음과 같이 자세히 언급하고 있습니다.

영화아카데미가 처음 신설됐을 당시의 영화계 상황은 극영화 감독으로 데뷔하기 위해선 충무로 현장에서 10여년 이상씩 연출 수업을 마친 후에야 가능한 것으로 관행이 굳어서 있었다. 담배 심부름이나 배우 가방 들어주기부터 시작되는 '도제 방식'의 충무로는 대학의 연극영화과를 졸업한 젊은 영화인들에게 폐쇄적일 수밖에 없었다. 바로 그 양자의 사이에서, 이론은 해박하고 기획력과 감각은 돋보이나 현장 경험이 부족한 영화 지망생들과 영화계 진출의 길이 난감한 비전공자들에게 이론과 실습의 장을 열어준 곳이 바로 영화아카데미였다. 그런 숨통 틔우기를 검증이라도 하듯이 '84년 1기 수강생 모집 시에는 6.7대 1의 높은 경쟁률을 보이며 많은 뜻있는 사람들이 지원했고 여학생 2명을 포함, 12명의 신입생이 선발되었다.

있지만, 대중적으로 잘 알려진 것은 1996년 부산국제영화제의 시작과 더불어 영화 도시로서의 위상을 되찾게 되면서부터입니다. 자세한 내용은 특히 홍영철의 『부산근대 영화사: 영화상영자료(1915–1944)』를 참고하세요.

1984년 한국영화아카데미 개교 시점의 지원 자격을 살펴보면, 눈에 띄는 점이 30세 미만의 전문대 이상 졸업자로 한정했다는 사실입니다. 이는 영화 관련 학과로 제한하지 않고 영화 비전공자들에게도 문호를 개방하기 위한 것으로 보입니다. 하지만 실제로 한국영화아카데미는 실습 위주 교육과정을 제공하고 있어서 대학에서 영화를 전공한 학생의 비율이 높았습니다. 그리고 영화감독론, 영화촬영론, 영화기술론, 시나리오론, 작가론 등의 이론 강의와 4회에 걸친 영화 제작 실습으로 1년 과정의 커리큘럼이 채워졌습니다(백창화, 1992).

현재 한국영화아카데미는 영화연출, 애니메이션연출, 시나리오전공, 촬영전공, 프로듀싱전공으로 구분되어 있으며, 각각 6명 이내로 신입생을 모집하고 있습니다. 그리고 응시 자격을 살펴보면 국적, 학력, 연령 제한이 없으며 외국인 지원자도 입학이 가능하도록 되어 있습니다. 한국영화아카데미 초기에 제시된 나이와 학력 제한은 지금은 찾아볼 수 없습니다. 그리고 초기 1년 과정에서 1996년부터는 교육과정이 1년 6개월로 연장되었고, 1999년부터는 2년 과정(8쿼터) 총 80주로 교육이 확대되었습니다.

한국 영화교육의 발전기는 1989년부터 현재까지 영화교육의 급격한 확대를 가져온 기간이라고 할 수 있습니다. 예를 들면 가야대, 건국대, 경희대, 경기대, 계명대, 국민대, 대진대, 동덕여대, 동서대, 동신대, 동양대, 명지대, 목원대, 배재

대, 부산대, 상명대, 서경대, 성결대, 성균관대, 세종대, 수원대, 순천향대, 영산대, 용인대, 우석대, 인하대, 전주대, 중부대, 청운대, 한예종, 호서대, 한일장신대, 호남대 등이 이 시기에 영화과를 만들게 됩니다. 한편 상명대 영화과의 경우 1995년 영화예술과를 신설했고, 1999년 대학원 석사과정(실기)을 설치했으며, 2003년부터는 일반대학원 연극영화과에 석·박사과정(이론)을 두고 있습니다. 학과 설립 후 이렇게 빠른 발전을 이룬 곳은 좀처럼 찾아보기 쉽지 않습니다. 이는 전공교수 충원, 그들의 학과 발전에 대한 노력, 그리고 대학 당국의 적극적인 조력의 결과라고 할 수 있습니다.

그리고 2004년 같은 해 영화과를 설치한 목원대와 건국대의 경우 이전과는 다른 경향을 보입니다. 먼저 목원대는 영화영상학부 안에 영화영상전공과 연기전공을 두고 있습니다. 건국대의 경우 예술학부 영화전공이 있으며, 영화전공 안에 연기전공이 들어가 있습니다. 전체 교육 내용을 살펴보았을 때 두 대학의 특징은, 연극영화과라고 할 수 있지만 학부명 또는 전공명에 영화를 강조함으로써 영화교육에 더 많은 관심을 보인다는 점입니다. 이러한 경향은 몇몇 대학에서도 찾아볼 수 있는데, 영화과를 중심으로 학과를 편제하되 영화라는 틀 안에서 영화 연기까지 외연을 넓히고 있음을 알 수 있습니다. 지금은 이 두 대학도 학과 명칭이 변경되어 초기 영화 중심의 특징은 사라지게 되었습니다.

최근 대학마다 학과명을 변경했고 일부는 변경하려는 움직임이 있습니다. 이를테면 초기 연극영화과에서 연극과 영화의 분과과정을 거치면서, 고전적이고 아날로그적인 영화의 이미지를 개선하려는 의도에서 영상, 미디어, 방송 등의 이름과 병합하려는 경향이 많이 나타나고 있습니다. 하지만 1996년 연극영화과를 설립한 중부대의 경우 설립 당시부터 계속해서 연극영화를 함께 사용하고 있습니다. 중부대를 비롯해 국민대, 수원대, 우석대 등은 학과 분리나 명칭 변경 없이 연극과 영화가 같은 학과 안에서 유기적 관계를 유지하고 있습니다. 하지만 이러한 경향은 대학평가와 학제개편 등 변화의 바람 속에서 다른 형태로 진화될 것임이 자명해 보입니다. 앞서 언급한 대학의 학과명도 지금 새롭게 변화를 꾀하거나 이미 변경된 곳도 있을 것입니다.

2009년 동서대는 임권택 감독의 이름을 붙인 대학을 신설했습니다. 외국 대학에서는 흔히 있는 일이지만, 국내 대학에서 개인의 이름을 단과대 이름으로 사용하는 경우는 흔치 않죠. 그와 동서대의 인연은 2006년부터 시작되었는데, 그는 동서대와 부산국제영화제가 공동 운영하는 AFA(Asia Film Academy)의 교장을 맡았고, 동서대 개교 15주년 기념 초청 특강에서 '〈천년학〉과 나의 영화 이야기'라는 주제로 강의를 하기도 했습니다. 이러한 인연으로 그의 명예를 후세에 길이 남기고 이론과 실무를 동시에 전수하는 특성화된 대학으로 육성하기 위해 파격적으로 임권택영화예술대학을 신설하게 된 것입니다.

이 시기에 사립대학을 중심으로 많은 영화과가 신설되었지만, 국립으로 1984년 한국영화아카데미와 더불어 1992년 한국예술종합학교 영상원이 개교합니다. 당시 이민섭 문화체육부장관은 한 기자간담회에서 "미래의 유망한 문화산업 중 가장 영향력이 큰 영상예술 분야의 인재 육성을 위한 한국예술종합학교 내에 음악원, 연극원에 이어 영상원을 개설키로 했다. 영상원은 기존 대학의 영화학과나 연극영화학과와는 달리 소수 정예를 뽑아 최첨단 제작기법과 실기훈련 위주로 교육하게 될 것"이라고 밝혔습니다(오명철, 1994). 이처럼 영상원은 이론 중심으로 실기교육이 부족했던 당시 영화 관련 교육기관들의 문제점을 지적하고 이에 대한 대안으로 설립되었습니다. 영상원이 설립되기 전에 한 신문은 다음과 같이 영화교육의 문제점을 지적하기도 했습니다.

영화계에서는 대학에서의 교육과정이 너무나 현실과 동떨어져 졸업생을 영입하려해도 백지상태나 마찬가지라고 주장한다. 대학 연극영화과의 4년 과정을 보면 1년 교양, 1년 이론을 거쳐 3학년부터 실습에 나서고 있다. 그러나 그 실습도 영화계 현장을 뛰는 것이 아니라 자기들끼리 몇 편의 영화를 습작하는 데 그치고 있어서 일선에 오면 재교육해야 하는 게 현실이라는 것이다(김양삼, 1982).

2005년 신설된 부산대 예술문화영상과의 경우 한국영화아카데미와 한국예술종합학교 영상원과 함께 국립이라는 점에서 중요한 의미가 있습니다. 그리고 오랫동안 문화 도시와 영화 도시를 추구하는 부산의 지역적 열망이 담겨 있으므로 지정학적으로도 학과 발전에 많은 영향을 주고 있습니다.

현재 국내 영화산업의 발전과 다양한 국제영화제 개최 등 한국영화는 외적인 성장과 내적인 발전을 함께 도모하고 있습니다. 이러한 성장과 발전의 힘은 다양한 요소들의 결합으로 이뤄졌지만, 오랫동안 이어온 전문적인 영화교육이 든든한 밑바탕이 되었던 것이죠. 그동안 한국 영화교육은 질적으로나 양적으로 놀라운 성장을 보였습니다. 그러나 이러한 결과가 결코 하루아침에 이루어진 것은 아닙니다. 1984년 김기덕(1984)은 대학 영화교육 현황에 대한 논문에서 "오늘의 우리나라 영화교육의 실정을 살펴보면 서울 지역의 3개 4년제 대학과 1개 전문대학 그리고 지방의 2개 4년제 대학에 연극영화과가 개설되어 있다"라고 밝혔는데, 지금과 비교하면 격세지감을 느끼기에 충분하죠. 당시 영화교육을 제공했던 대학은 총 6개 대학으로 동국대, 부산산업대(현 경성대), 서울예술전문대, 중앙대, 청주대, 한양대였습니다. 국내 대학에서 영화 관련 학과는 1990년대 이후 급격하게 증가했으며, 교양과목과 타 전공과목에서 영화를 활용해서 진행하는 수업도 같은 폭으로 늘어났습니다.

최근 대학교육에서뿐만 아니라 초·중등교육에서도 영화교육에 대한 이해가 높아지고 있습니다. 이처럼 초·중등학교에서도 영화교육이 진행되고 있다는 점은 그동안 전문적이었던 영화교육이 대중적인 영화교육으로 그 눈높이를 낮추고 있다는 것을 의미합니다. 다시 말해서, 체계적이고 전문적인 영화교육과 대중을 위한 예술적 경험을 제공하는 영화교육이 공존하게 된 것이죠.

7. 영화교육의 확대: 예술계고등학교, 교직과정 개설, 예술강사 지원 사업

지금까지는 대학교육과 대학원 중심의 고등교육에서 영화교육을 살펴보았는데, 그동안 고등학교에서도 영화교육이 이뤄져왔다는 점을 간과해서는 안 됩니다.

우리나라에 색다른 영화예술학교가 인가·설립된다. 주식회사 신필름에서 지난해[1966년] 12월 31일자로 당국의 인가를 얻어 고등학교 과정에 따른 영화예술학교를 설립하게 되었다. 안양촬영소를 교사로 사용할 이 학교는 신인양성을 위한 실기교육에 치중할 계획인데 개교는 3월 1일이다(동아일보, 1967. 01. 10).

이렇게 신상옥은 1966년 안양영화예술학교의 설립인가를 받아냈습니다. 당시 이 학교의 교장은 최은희였으며, 곧 재정난에 허덕이게 되었습니다. 1978년 홍콩에 간 최은희가 납북되는 사건으로 이후 학교운영은 다른 사람에게 양도되었습니다. 그리고 1982년 교명은 안양영화예술고등학교로 변경되었고, 연극영화과는 3학급으로 늘어났습니다. 그러나 1991년 1학급이 감축되었고, 2000년에는 안양영화예술고등학교에서 안양예술고등학교로 학교명이 변경되었습니다. 그동안 학교 이름에 영화가 들어가 있었는데, 영화를 제거하고 다양한 예술 장르를 교육하는 학교로 바뀌었다는 점은 영화교육 측면에서는 아쉬움이 크게 남습니다. 안양예고 연극영화과는 전문 교·강사진과 체계적인 실기 시스템을 갖추고, 특히 영화 전공은 작품 분석, 이야기 분석, 시나리오, 영화기술(촬영, 편집, 조명), 영화제작 실습, 예술사 등 이론과 실기를 기초부터 심화까지 학년별로 체계적이고 단계적으로 수업하고 있습니다. 그리고 2·3학년 과정에서는 제작실습을 통해 단편영화를 제작하여 전문 영화인으로서 갖추어야 할 기초 능력을 교육하고 있습니다. 이후 계원예고, 전주예고, 부산영상예고, 경기예고, 세종예고, 밀양영화고 등에서도 체계적이고 전문적인 제도권 영화교육이 이루어지고 있습니다.

한편, 1999년 당시 교육인적자원부는 일부 대학의 영화과에 교직과정을 개설할 수 있도록 했습니다. 구체적인 교직과정의 내용을 살펴보면, "영화교육을 전공한 학생은 일정한 교직과정을 이수하면 졸업과 동시에 중등학교 정교사(2급) 자격증이 주어집니다. 현재 대부분의 영화 관련 학과에서는 연극영화 교직과정을 운영하고 있으며, 연극영화 교직과정 설치 학과에서 교직과정을 이수하고자 하는 학생은 2학년 초 교직과정이수희망원서를 제출합니다. 학교마다 부분적으로 다르지만, 일반적인 선발기준은 학업성적과 면접으로 이루어지며, 먼저 학업성적은 1~2학년 교직과목과 전공과목의 평균성적이 80점 이상의 학생들을 대상으로 면접 점수를 합산하여 전체성적의 고득점 순으로 한다"고 되어 있습니다(이아람찬, 2011).

그러나 이 내용으로 영화과에 처음으로 교직과정이 개설된 것은 아닙니다. 언제 시작되었는지 정확하게 알 수 없지만, 1983년 문교부는 교직과정 설치가 가능했던 322개 학과 가운데 76개 학과를 1984년 교직이수에서 제외했습니다. 이 발표 전까지만 해도 연극영화과에서 교직과정을 이수하면 국어 교사자격증을 취득할 수 있었는데, 언어과, 문예창작과와 함께 교직과정에서 배제되었습니다. 이는 교직과목 개설 관련 학과가 322개로 지나치게 세분화되어 있어, 이들 학과에서 교직과정을 거쳐 양성되는 교원의 수가 수요 대비 너무 많기 때문이라고 문교부는 재조정의 배경을 밝혔습니다(동아일보, 1983. 12. 5). 이렇게 1984년 이후 15년 만에 1999년 영화과에서 다시 교직과정을 개설하게 된 것입니다.

그동안 영화교육이 대학과 대학원 중심의 전문교육이었다면 최근 영화교육은 전문인 양성과 더불어 일반인을 위한 교양교육으로 영역이 확대되고 있습니다. 특히 초·중등학교에서의 영화교육도 계속해서 많은 관심을 두고 진행하고 있습니다. 이렇게 영화교육의 확장은 2004년 영화예술강사제와 2005년 한국문화예술교육진흥원의 출범과 밀접한 관계가 있습니다. 이에 대해서는 2장에서 자세히 살펴보았습니다.

  지금까지 한국 영화교육사가 1924년 조선배우학교에서부터 오늘날에 이르기까지 다양한 수준으로 발전해왔음을 확인했습니다. 초기 영화배우를 위한 기초 영화이론부터 시작해서 본격적으로 전문적인 영화인 양성을 위해 조선영화예술협회와 조선문예영화협회가 설립되었습니다. 이렇게 도제식으로 이루어지던 영화교육을 정규 교육과정으로 편입시킨 것은 바로 윤백남이 설립한 서라벌예술학교였습니다. 한국 영화교육을 제도권 교육과 비제도권 교육으로 구분하고 이 기준점을 1953년 서라벌예술학교의 설립으로 규정하고 있습니다. 이를 다시 네 단계, 즉 태동기, 도약기, 성장기, 발전기로 구분해서 한국 영화교육을 살펴보았습니다. 그리고 최근 영화교육의 경향은 일반 대중을 위한 소양 교육으로서의 모습으로 진화하고 있습니다. 다시 말해서 대중의 눈높이로 맞추기 위해 초·중등학교에서도 영화교육이 진행되고 있다는 점도 한국 영화교육의 발전에 많은 도움이 됩니다.

■ 참고문헌

김기덕, 「대학 영화교육의 현황과 문제점: 한국 대학 영화교육에 관한 소고」, 『영화』, 1984년 7월호.

김수남, 『한국영화의 쟁점과 사유』, 문예마당, 1997.

김흥우, 「동국 연극 80년사 〈4〉 실험소극장 개관」, 『동대신문』, 2011. 05. 02.

김남석, 「우리나라 대학 영화교육의 현황」, 『코리아시네마』, 9호, 1972.

김선학, 『한국현대문학사』, 동국대출판부, 2001.

김양삼, 「대학 연극영화학과 붙고 보자 지원 많다」, 『경향신문』, 1982. 01. 21.

김흥우, 「동국 연극 80년사 〈3〉 연극학과 창설」, 『동대신문』, 2011. 4. 18.

박을라, 「모스꾸바 영화학교 참관기」, 『삼천리』 제7권 제7호, 1935.

백창화, 「문화학교 한국 영화아카데미 훔쳐보기에 대한 열망」, 『월간 문화예술』, 156호, 1992. 7.

신강호, 「한국 영화 교육과 연구의 역사와 미래」, 한국영화학회 주관 동아시아 영화학자회의, 2006.

안석주, 「조선영화학교설치론」, 『삼천리』 제13권 제6호, 1941.

안종화, 『한국영화측면비사』, 현대미학사, 1998.

오명철, 「종합예술학교 영상원 내년 개원」, 『동아일보』, 1994. 03.

이금룡, 「명우와 무대」, 『삼천리』 제13권 제3호, 1941.

이승구, 「중앙대 영화학과로 분리, 불합리성을 해결」, 『영화』, 1994.

이아람찬, 「문화예술교육으로서 영화교육: 예술강사 지원사업과 교직과정을 중심으로」, 『모드니예술』, 4호, 2011.

이아람찬, 「한국영화교육의 역사적 궤적」, 『영화』 제4권, 2012.

조준형, 「카프의 영화와 영화운동 약사」, 김윤수 외, 『한국미술 100년』, 2006.

「미래의 교육은 영화로부터」,『동아일보』, 1927. 08. 05.

「배우학생모집」,『동아일보』, 1926. 01. 24.

「신필름서 안양에 영화예술학교 설립」,『동아일보』, 1967. 01. 10.

「아동과 활동사진」,『동아일보』, 1927. 12. 13.

「영화교「무쏘리니수상 영화대학설립」,『동아일보』, 1937. 10. 14.

「영화예협창립과 초작〈홍염〉」,『동아일보』, 1927. 03. 18.

「육좌담회」,『동아일보』, 1940. 03. 15.

「윤백남씨 극계에 부활」,『동아일보』, 1928. 11. 03.

「일반대 76개 학과 교직과정서 제외 내년 신입생부터」,『동아일보』,
1983. 12. 05.

「〈일이떼(낭군)〉촬영개시」,『동아일보』, 1927. 12. 12.

「조선문예영화협회 연구생모집」,『동아일보』, 1928. 11. 04.

「촬영중의〈유랑〉」,『동아일보』, 1928. 01. 17.

「학생영화회」,『동아일보』, 1936. 03. 19.

「활동사진과 아동교육」,『동아일보』, 1928. 04. 05.

안양예고 홈페이지. [http://www.anyangart.hs.kr].

중앙대 연극영화학부 영화전공 홈페이지. [http://cinema.cau.ac.kr/
department/content_3.asp].

중앙대 예술대학 홈페이지. [http://arts.cau.ac.kr/sub01_3.html].

한국문화예술위원회 홈페이지. [http://www.arko.or.kr/zine/arts
paper92_07/index9207.htm]

4장 영화교육의 다양한 텍스트

지난 2001년부터 꾸준히 제기되어 온 초·중등교육에 있어서 영화교육은 현재 다양한 담론의 장이 마련되고 있습니다. 이러한 담론들 가운데 영화교육의 개념, 목표, 교육과정, 교육내용 등에 관한 다양한 연구가 진행되고 있습니다. 학교교육에서 영화교육이 이렇게 빠른 속도로 많은 관심의 대상이 되리라고는 상상조차 할 수 없었습니다. 이것은 현대사회에서 그만큼 영화교육의 필요성이 증가하고 있음을 방증하는 사례라고 할 수 있습니다.

그러나 영화교육에 대한 관심이 날로 커지고 있는 데 반해 그 위상은 아직도 미미한 상태라고 할 수 있습니다. 앞서 살펴본 대로, 영화교육은 그 범주가 방대하므로, 다양한 층위에서 교육이 이루어집니다. 다시 말해, 영화교육은 영화를 통한 교육도 가능하고, 영화에 대한 교육도 가능하다는 것이죠. 먼저 영화를 통한 교육은 국어, 영어, 과학 등 여러 교과에 걸쳐 제시되고 있습니다. 한편 영화에 대한 교육은 아직도 몇몇 시범학교에서만 부분적으로 시행하고 있을 뿐입니다. 현재 영화교육은 일부 정규 교육과정의 범주에 들어가서 교육되고 있지만, 아직도 일회성 교육에 치우치는 경향이 적지 않게 나타나고 있습니다. 영화교육이 출발점에 들어선 지금, 비록 현재는 부분적으로 진행되고 있지만, 앞으로 영화교육은 시대적 요청에 따라 그 영역이 더욱 확대될 것입니다.

실험영화, 다큐멘터리, 단편영화 등의 예술영화가 교육적 가치를 가지고 있음에도 불구하고 그동안 일선 초·중등 영화교육 현장에서 상업영화에 비해 상대적으로 조명을 받지 못한 것이 사실입니다. 이 장에서는 이렇게 저평가된 예술영화의 교육적 가치를 담론화하고, 초·중등 학교교육에서 예술영화의 수용에 대해 다루고자 합니다. 이에 앞서 문화예술교육이라는 보다 큰 범주 속에서 영화교육이 차지하는 자리와 예술영화의 개념에 대해 먼저 살펴볼 것입니다.

1. 문화예술교육으로서 영화교육

21세기 정보사회에서는 하드웨어적인 디지털 기술뿐만 아니라 다양한 소프트웨어 기술이 중요한 가치로 인정받고 있습니다. 이러한 기술은 대중문화와 어울려 다양한 시너지 효과를 자아내면서 경제, 문화, 교육 등으로 그 영향력을 넓혀가는 경향을 보입니다. 영상의 급격한 범람과 빠른 파급 효과로 인해, 우리는 영화가 가진 영향력과 중요성이 다른 어떤 대중문화보다 높게 나타나는 현상을 경험하고 있습니다. 이러한 상황에서 그동안 우리가 교육적 가치로 인정하지 않았던 영화교육에 관한 관심이 날로 증가하고, 이것이 현실에 그대로 반영되고 있습니다.

비록 상업적 대중문화이기는 하지만 할리우드의 블록버스터와 흥행 위주의 한국영화가 우리의 일상사에 의식적 혹은 무의식적으로 관여하는 시대에 교육학이 이러한 삶의 현실조건을 간과하면서 폐쇄적으로 논의될 수만은 없다. 이렇게 영화가 현대인의 문화생활에 중요한 요소로 등장하는 상황에서 실천을 위한 인식의 학문인 교육학이 영화에 관심을 지니는 것은 당연한 일이다. 그러므로 전통적 의미의 교육이해와 교육학을 넘어서서 영화 읽기를 위한 교육과 영화의 교육적 의미에 관한 학문적 탐구는 시대의 필연적 요청이라고 생각할 수 있겠다. 사실 교육은 인간 삶의 현상으로 파악될 수 있어서 인간과 삶이 직접적 혹은 상징적으로 표현된 어떠한 영화라도 교육학적 관심의 대상이 되기에 충분하다(정영근, 2003).

현재 문화체육관광부의 문화예술교육에 관한 관심이 상당

히 구체적으로 현실화하고 있습니다. 이것은 그동안의 문화
예술교육이 체계적이지 못했던 점을 보완하고 새로운 문화예
술교육 패러다임을 제안한 것이라고 할 수 있습니다. 이에 따
라 구체적인 문화예술교육진흥에 대한 방안이 속속 제안되고
있는데, 예를 들면 2004년 이후 문화체육관광부 예술국 문화
예술교육과의 신설, 한국문화예술교육진흥원의 설립, 그리고
문화예술교육 강사풀제 시행, 문화예술교육진흥법의 제정 등
을 꼽을 수 있죠.

　문화예술교육 개념에 대한 논의는 현재 다양한 연구를 통
해 진행되고 있는데, 특히 「문화예술교육 중장기 발전 방안」
에서 체계적인 분석을 제시하고 있습니다. 이 보고서에서는
우선 예술교육과 문화교육의 정의를 살펴보고 있습니다. 먼
저 "예술교육과 관련해서는 예술의 본질 및 '미'에 대한 관심
이 크게 강조되면서 '미적 교육'이 예술교육의 핵심이 되어야
한다"고 주장합니다. 따라서 예술교육의 내용으로는 미적 체
험, 예술적 표현 및 감상, 창의적 역량, 감수성 혹은 감성 등
과 같은 내용이 크게 강조됩니다(김세훈, 2004). 이러한 측면
은 전통적인 예술교육의 영역인 음악과 미술의 교육적 목표
와 상당 부분 일치하고 있습니다.

　한편 문화교육과 관련해서는 예술의 본질에 대한 이해보다
는 인간과 사회에 대한 비판적·성찰적 이해, 주체로서의 개
인, 사회적 의사소통 등에 관한 관심과 함께 문화적 가치 및
다양성, 정체성 및 소통의 문제, 개인과 사회의 연계 등을 강

조하고 있습니다(김세훈, 2004). 이것은 인간의 소통, 정체성, 그리고 다양성이라는 주제에 대한 직접적인 참여라는 점에 커다란 의미를 두고 있습니다. 또한, 예술이 종종 간과하고 있는 현실 참여와 현실 문화에 대한 부분을 강조하고 있음을 확인할 수 있습니다. 특히 영화교육은 예술적인 측면과 아울러 현실에 참여할 수 있는 가장 적합한 예술교육이라고 할 수 있습니다.

마지막으로 예술교육과 문화교육의 접점으로 제안된 것이 바로 문화예술교육입니다. 문화예술교육의 개념은 문화교육과 예술교육의 차원을 넘어서는 보다 광의의 개념이라고 할 수 있습니다. 「문화예술교육 중장기 발전 방안」에서는 문화예술교육의 정의를 다음과 같이 내리고 있습니다.

문화예술교육에 대해서는 분명한 규정이 내려지지 않은 채, 한편에서는 사회적, 인문학적 맥락에서 그 내용이 보다 확장되고 풍부해진 형태로 이루어지는 예술교육을 의미하는 것으로 인식하는 경향이 존재하는가 하면, 다른 한편에서는 예술교육의 범위를 넘어서서 한 사회의 문화적 가치나 지향과 연계되는 것으로 광의의 문화교육의 한 영역으로 인식하는 경향을 보이고 있다. 그러나 어떠한 부분에 강조점을 두고 있든 간에 미적 체험을 중시하는 예술교육과 가치, 성찰, 다양성, 소통 등을 중시하는 문화교육이 서로 유기적으로 연계된 것으로 문화예술교육을 이해한다는 점에 있어서는 공통적인 특징을 보여준다(김세훈, 2004).

이 점에서 문화예술교육이 단순히 문화교육과 예술교육의 통합교육인가, 아니면 문화예술교육이 자신만의 변별점을 가지고 있는가를 알 수 있습니다. 사실 문화예술교육은 문화교육과 예술교육의 통합인 동시에 이들의 통합에서 나타나는 시너지 효과로 인해 두 교육 영역에서 불가능하던 새로운 영역을 기대할 수 있습니다. 즉, 문화예술교육의 틀을 통해서 그동안 이원화되어 있던 예술교육과 문화교육의 차이에서 예술적인 차원과 문화적인 차원의 접점이 그만큼 폭넓게 나타날 수 있고, 나아가 두 영역이 가지고 있지 않은 새로운 차원의 교육적 접근이 가능하다는 점을 들 수 있습니다.

억누르기 힘든 욕망의 시대를 살아가는 현대인들이 영화를 통해 잠시 존재와 삶의 의미를 되짚어 보고 우리의 교육현실에 대해서도 반성적으로 성찰할 수 있다면 좋을 것이다. 그럴 때 인간의 존재와 삶에 대한 문화예술적 표현의 한 양태인 영화가 한낱 상품소비의 차원에만 머무르지 않고 심미적이고 정신적인 자기 성장의 계기가 될 수도 있다. 21세기 디지털문화에서 감성에 대한 강조는 이성과 합리적 판단능력의 축소나 대체를 지향하는 것이 아니라 이성과 감성의 균형 잡힌 공존을 통해 인간이 지닌 능력과 자질을 가능한 한 최대로 발현시켜 자신의 존엄성을 구현하는 데 있다(정영근, 2003).

이와 관련해, 영화교육은 문화교육과 예술교육을 함께 아우를 수 있는 가장 효과적인 교육이라고 할 수 있습니다. 다시 말해, 영화는 문화라는 소통, 다양성, 체험이라는 현실적인 움직임과 예술이라는 가치 지향적인 미적 활동을 동시에 다룰 수 있습니다. 영화가 지닌 이러한 교육적 가치 때문에 여러 교과에서 영화를 활용한 교육이 이루어지고 있습니다. 예를 들면, 국어, 영어, 수학, 과학, 사회, 음악, 미술 등의 교과에서 영화는 그 교육적 가치를 인정받고 교수-학습 방법에 있어서 다양하게 활용되고 있습니다. 하지만 정작 영화교육이라는 독립된 교육은 좀처럼 찾아보기 힘든 상황이 현재 우리 교육환경의 변화에 대한 무관심을 입증하고 있습니다.

그렇다면 영화뿐만 아니라 TV, 휴대폰, 인터넷, 게임 등의 서로 다른 하드웨어에서 이뤄지고 있는 이미지에 관한 내용을 교육하는 데 있어서, 이를 통칭해서 영화교육이라고 호명하는 것이 어느 정도의 타당성을 가질 것인지 질문해 볼 수 있습니다. 현재 영화교육의 명칭은 다양하게 사용되고 있습니다. 앞서 언급했지만, 해당 기관에 따라 영화교육, 영상교육, 영상문화교육 등으로 다양하게 호명됩니다.* 하지만 구체적인 교육과정이나 교육목표를 살펴보면 이들 간의 차이는 극히 미미하다고 할 수 있습니다. 기관별 가치 기준이 조금씩

---

* 여기서 미디어교육은 포함되지 않습니다. 영국의 예를 보듯이 영화교육과 미디어교육이 이원적으로 이루어질 수 있기 때문입니다.

다르지만 학교교육에서 영화를 비롯한 이미지 교육의 중요성을 인정하고 있으며, 이러한 이미지를 문화사회적인 측면과 연결하고 있다는 것입니다. 다시 말해서, 영화교육이라는 명칭 대신에 영상교육, 영상문화교육 등의 개념화가 나타나고 있는데 저마다 호명에 상응하는 강조점이 있지만, 그 기저에는 '움직이는 이미지에 대한 교육'으로 영화의 예술적 가치를 인정하고 있습니다.

지금 당장 영화교육과 관련된 다양한 개념의 교육적 영역을 하나로 통합해야 할까요? 사실 그럴 필요는 없습니다. 왜냐하면 아직 각 교육 주체가 제시한 교육적 목표와 방법이 상당히 구체적이지 않고, 각자 다양한 개념의 영화교육을 제시하고 있기 때문입니다. 이러한 움직임은 하나의 시선에 갇혀 있는 것이 아닌 다양한 층위의 영화교육을 이루어낼 수 있다는 장점과 함께 일정한 과도기적 기간을 거쳐 최종적으로 영화교육의 근본적인 틀을 구성하게 될 것이라는 점에서 발전적 움직임입니다.

사실 어떻게 호명되는가는 그리 중요하지 않다고 할 수 있습니다. 어떻게 불리든 움직이는 이미지에 대한 교육이 학교 전반에 걸쳐 시행되어야 한다는 것이 더욱 중요한 문제이니까요. 영화교육의 내용이 지엽적이라고 지적되기도 하는데 영화교육은 단순히 영화에 관한 내용만을 수업하는 것은 아닙니다. 이것은 영화교육에 대한 편견에서 비롯된 것이라고 할 수 있습니다. 영화교육은 광범위한 영상교육을 지향하고 있습니다. 21세기 정보화 사회에서는 단위매체의 독립적인 영역에 관한 관심보다는 단위영역들의 통합과 혼합이 자유롭게 이루어지는 데에 더 중심을 두고 있습니다. 가장 대표적인 매체간의 통합은 휴대폰에서 찾아볼 수 있는데, 휴대폰 단말기에는 영화 소프트웨어, TV 소프트웨어, 인터넷 등이 종합적으로 융합되어 있습니다.

그런데도 명칭의 통일성을 주장한다면 그것은 영화교육이 가장 타당할 것입니다. 먼저, 영화라는 장르는 현재 가시화되어 있는 모든 움직이는 영상매체의 근원이라고 할 수 있기 때문입니다.

미디어는 더는 서로 경쟁하지 않는다. 그것은 공존하고 있다. (중략) 지난 180년간의 예술사는 미디어가 폐기 처분되는 게 아니라 그것의 스펙트럼이 확장되고 있다는 사실을 보여준다. 텔레비전은 영화를 죽이지 않았다. 텔레비전과 영화는 서로 경쟁했지만, 우리 모두가 2×2m 스크린을 보유한다면 아마도 영화는 사라져 버릴 것이라는 예견은 적어도 아직까지 실현되지 않았다(앨세서, 1998).

영화교육이라는 명칭의 타당성은 크게 두 가지로 정리할 수 있습니다. 먼저 1895년 영화의 탄생 이후에 나타난 영상 대부분은 각자 고유의 매체적 특징이 다르지만 결국 영화적 원리를 가지고 새로운 접근방법을 제시한 것입니다. 또 다른 당위성은 타 교과의 내용적인 측면과 교과명의 비교를 통해서 찾을 수 있습니다. 예를 들어 국어교과를 살펴보면, 언어와 문학이라는 리터러시(literacy) 측면이 주를 이루지만, 영화, 연극, 광고 등의 다양한 영역을 아우르고 있습니다. 그렇다고 해서 국어문화교육이나 언어교육이라는 명칭을 사용하지 않습니다. 오히려 교과명의 간소화는 다양한 영역의 확장에도 불편함을 주지 않고, 또한 타 교과의 변별점을 명확하게 전달할 수 있기 때문입니다.

2. 예술영화란 무엇인가?

예술영화와 대중영화를 고급문화와 하위문화의 이분법적인 구분으로 치부한다면, 이것은 영화사 초기 과연 영화가 예술인가라는 의문과 별반 다르지 않습니다. 다시 말해, 이 절에서 예술영화가 대중영화를 뛰어넘는 독보적인 위치를 확보한다고 평가하고 엘리트주의로 일괄한다면, 이것은 이전의 영화-예술 논쟁과 다를 바 없을 것입니다. 따라서 여기에서는 예술영화와 대중영화의 본질적 특징을 의도적으로 구분하지 않으며, 특정 영화에 대해 옹호하거나 비난하려는 자세는 지양할 것입니다. 특히 대중영화는 주로 관객에게 단순한 즐거움을 제공하고 소비주의에 영합한다고 단정하거나 예술영화를 지나치게 엘리트주의적으로 포장하거나 고급문화에 대한 지나친 환상 등은 지워야 할 것입니다. 즉, 엘리트 문화로서 예술영화를 경외하고 하위문화로서 대중영화를 경시하는 시각에서 벗어나야 한다는 것입니다. 이와 관련해 피에르 부르디외(Pierre Bourdieu)의 취향에 대한 논의는 매우 적절한 주장이라고 할 수 있습니다.

피에르 부르디외는 프랑스 사회의 책, 음악, 예술 작품과 같은 문화 상품과 의복이나 음식 같은 상품 소비에 대한 광범위한 조사를 통하여 고급문화라는 것이 단순히 상층계급의 문화일 뿐이라는 것을 실증적으로 보여주었다. 이를 통하여 부르디외는 일상생활에서 개개인의 취향이라고 불리는 것들이 실제적으로 자신이 속해 있는 계급적 지위에 의해 내재화된 아비투스(habitus)의 발현이며, 각기 구분되는 계층문화에 대한 가치 판단은 전적으로 권력에 의해 결정되는 임의적인 것이라고 주장했다(최샛별, 2009).

영화가 예술로 인정받기까지 많은 어려움이 있었듯 영화의 교육적 가치를 인정받기까지도 많은 난관이 있었습니다. 리비스(Frank Leavis)와 톰슨(Denys Thompson)의 보고서 「차별과 대중문화 Discrimination and Popular Culture」(1933)는 교육적 관심을 가지고 대중매체를 연구한 최초의 사례라 할 수 있는데, 그들은 비평적 인식 훈련(training of critical awareness)을 통해 대중매체의 문제로부터 학생들을 지켜야 한다는 방어적 태도를 보였습니다. 이는 영화를 비롯한 대중매체를 아주 소비적이고 학생들에게 악영향을 줄 수 있다고 단정해버립니다. 리비스와 톰슨은 고급 엘리트문화와 저급 대중문화라는 구분으로 대중매체는 문학을 비롯한 예술 장르가 지닌 가치를 배제하고 피상적인 즐거움만 제공하는 오염된 것이라고 주장하기에 이릅니다. 그들에게 대중문화를 교육하는 것이란 고급문화와 대중문화를 분별하고 대중문화에 저항할 수 있는 능력을 학생들에게 가르치는 것에 다름 아니었습니다(버킹엄, 1997).

조앤 할로우즈(Joanne Hollows, 1995)는 예술영화와 대중영화에 대한 드와이트 맥도날드(Dwight MacDonald)의 주장을 다음과 같이 제시하고 있습니다.

좋은 예술영화는 한 사람의 천재나 작가의 산물이다. 몇몇 소수의 관객들만이 그 작품을 보는데 그들은 미학적 약호와 영화의 관습을 알고 있는 사람들이다. 이에 반해 맥도날드는 상업영화를 나쁜 것으로 보았는데 왜냐하면 산업적 체제 속에서 기술자들이 만들어낸 영화이기 때문이다. 그 영화는 쉬운 오락물을 원하는 관객들에 맞추어 조정되어 있다.

또한 맥도날드는 예술영화에 대해 언급하면서 잉마르 베리만(Ingmar Bergman), 페데리코 펠리니(Federico Fellini), 미켈란젤로 안토니오니(Michelangelo Antonioni), 루이 브뉘엘(Luis Bunuel) 등의 작가주의 감독들을 예로 들었습니다. 그는 위대한 문화와 대중문화의 동시성을 부정하고 소수의 고급문화를 적극적으로 지지하는 것이 대중문화의 문제를 해결하는 방법이라고 믿었습니다(할로우즈, 1995).

그러나 앞서 언급했듯이 본 연구는 예술영화와 대중영화를 고급영화와 저급영화의 이분법적 틀로 재단하지 않을 것입니다. 대중영화를 단순히 정치적·산업적 이데올로기의 산물로만 여긴다면 대중영화가 갖는 사회 반영적인 특성과, 관객인 대중과 대중영화가 갖는 상호작용을 간과할 수 있기 때문입니다. 여기서는 대중영화에 대한 다양한 논쟁은 잠시 접어두고, 모호한 개념이라고 할 수 있는 예술영화의 정의적 접근을 여러 이론가들의 입장을 통해 살펴보고자 합니다.

데이비드 보드웰(David Bordwell)은 그의 논문 「영화제작 방식으로서의 예술영화 The Art cinema as a Mode of Film Practice」에서 예술영화와 고전적 할리우드 영화의 구분을 시도합니다. 그에 따르면, 고전적 할리우드 영화는 인과관계를 통해 내러티브를 구성하는 반면, 예술영화는 리얼리즘과 작가적 표현성에 의존합니다. 이와 동일한 시각으로 스티브 닐(Steave Neale)은 「제도로서의 예술영화 Art Cinema as Institution」라는 글에서 유럽에서 예술영화는 할리우드와 대항하는 각국의 문화적 가치로서 영화를 발전시키기 위한 것으로 인식하였습니다.

이렇게 예술영화는 특히 유럽 여러 나라들에서 내셔널 시네마(national cinema)로 자리매김할 수 있었는데, 구체적으로 프랑스의 누벨바그(French New Wave), 독일의 표현주의

(Expressionism), 이탈리아의 네오리얼리즘(Neo-realism) 영화가 예술영화의 전형적인 모습이라고 닐은 제시하였습니다 (닐, 1981). 결국 보드웰과 닐은 예술영화에 대한 두 가지 접근 방식을 보여주었는데, 하나는 스타일이라는 미학적 측면이라면, 다른 하나는 제작과 관련된 제도적·경제적 방식이 바로 그것입니다. 미학적 특징은 작가주의적 경향이 지배적이고, 제도적·경제적 방법은 저예산 영화로서 내셔널 시네마를 의미한다고 볼 수 있습니다.

이들과는 상이한 시각으로 제프리 노웰-스미스(Geoffrey Nowell-Smith, 1996)는 1980년대 이후 예술영화의 두 가지 흐름을 지적하고 있습니다. 첫째, '국제 예술영화(international art cinema)'로서 영화적 특징이나 배급은 주류 영화와 비슷한 경향을 띱니다. 다시 말해, 노웰-스미스는 국제영화제에 출품한 각국의 작품성 있는 영화를 예술영화로 분류했습니다. 둘째, '저예산 독립영화(low-budget independent films)'로 미국을 비롯해 다양한 국가에서 제작됩니다. 그는 미국 선댄스 영화제(Sundance Film Festival) 등에 출품한 다양한 저예산 독립영화와 같은 작품들을 예술영화로 분류했습니다. 노웰-스미스의 접근법은 이전보다 예술영화의 규범을 넓게 해석하고 있음을 확인할 수 있습니다.

계속해서 마이크 버드(Mike Budd, 2001)는, "예술영화는 영화의 단순한 한 형태가 아니라, 상업영화 안에서 일련의 제도적, 대안적 장치를 가지고 있다"고 주장합니다. 즉, 상업적인 제작과 배급망을 가지고 있지만, 작가주의적 관점에서 예술영화를 바라보는 것입니다. 또한 존 투미(John Twomey)는 예술영화 전용관(Art House)에서 상영된 영화를 종류별로 정리했는데, 이것은 예술영화를 정의하는 데 보다 객관적인 접근이라고 할 수 있습니다. 그는 예술영화전용관에서 상영된 영화들을 "외국에서 제작된 영화, 할리우드 고전영화, 다큐멘터리, 독립영화" 등으로 분류했습니다. 그러나 투미는 외국에서 제작된 영화들에 대하여 보다 세분화된 범주를 정하지 않았으며, 할리우드 고전영화라는 범주도 생략했습니다(윌린스키, 2001). 비록 예술영화를 분류하고 목록화하려는 시도에서 일부 구체적인 점은 부족했지만, 유럽 중심의 예술영화라는 범주에서 탈피했다는 점에서 투미의 시도는 중요한 의미가 있습니다.

한편, 피터 레브(Peter Lev)는 예술영화의 범주를 새롭게 제시했는데, 그는 "예술영화라는 용어는 제2차 세계대전 이후에 만들어진 장편영화로 고급문화를 누리는 관객을 위한 새로운 형식과 내용을 담은 영화라고 할 수 있다"고 말합니다(윌린스키, 2001). 하지만 레브의 주장에서도 여전히 모호함은 남아 있습니다. 누가 고급문화의 고객이고, 새로운 형식과 내용이 무엇인지 구체적으로 제시하지 않았습니다. 이러한 주장은 자칫 앞서 언급한 예술영화와 대중영화를 고급문화와 하위문화라는 이원적 구분에 편승하려는 것처럼 보일 수 있습니다. 그러나 보드웰과 닐이 예술영화를 유럽이라는 지역적 경계와 1920년에서 1950년대라는 제한된 시기로 한정했던 데 반해, 예술영화와 관련해서 투미와 레브는 지역적·시대적 한계를 제거하려는 움직임을 보였습니다.

수잔 헤이워드(Susan Hayward, 1997)에 따르면, 예술영화는 "주로 특정한 유형의 유럽영화, 즉 테크닉과 내러티브에 있어 실험적인 영화를 가리킨다. 이 영화들은 주로 저예산 혹은 중간 수준 예산으로 만들어진 영화들인데, 영화의 미학과 영화적 실천에 대해 언급하려 하며 항상 그런 것은 아니지만 대개 지배 영화 시스템 외부에서 만들어진다"고 할 수 있습니다. 1950년대 작가주의(auteurism) 논의가 활발하게 이루어지면서, 감독을 영화의 제작자라기보다 의미의 창조자로 인식하게 되었습니다. 이러한 규범의 확대는 예술영화가 좁은 의미에서 유럽의 일부 영화를 지칭했지만, 일본, 인도, 호주, 캐나다 등의 일부 작가주의적 영화를 포함하기에 이르렀습니다. 또한, 소수 집단에 의해 제작된 영화 — 예를 들면, 흑인영화, 퀴어영화 — 도 포함하게 되었습니다(헤이워드, 1997). 투미나 레브처럼 헤이워드 또한 예술영화의 지역적 제한을 타파하고, 소수자를 위한 영화까지 포함하게 되었습니다.

앞서 언급한 내용을 토대로 살펴보면, 예술영화를 정의하는 데 있어서 많은 어려움과 모호성이 여전히 존재하지만, 대다수의 연구자들은 예술영화의 범주에 주류 할리우드 영화는 포함되지 않는다는 점에 대체로 동의하고 있습니다. 따라서 예술영화는 유럽이라는 지역적 한계에서 벗어난 비주류영화로서 제작, 배급, 상영에서 주류영화와 차별화되는 대안적인 시도와 형태를 보여주는 영화로 규정됩니다. 구체적으로, 실험영화, 다큐멘터리, 독립영화, 단편영화 등이 전형적으로 예술영화에 포함될 수 있습니다.

3. 영화교육에서 예술영화

영화교육은 존 듀이(John Dewey)의 경험주의 교육관과 밀접한 관련성이 있습니다. 듀이 교육관의 핵심은 경험의 중시라고 할 수 있죠. 듀이의 이러한 진보주의적 교수법은 문제해결학습법(Problem Solving Method)으로 구현되는데 그 특징은 다섯 가지로 정리됩니다.

첫째 학생의 현실 생활과 관련 있는 문제를 대상으로 한다.
둘째, 학생들의 능동적이고 협동적인 집단활동으로 진행된다.
셋째, 학생들의 주체적인 실천행위가 중심이 된다.
넷째, 교사의 적절한 도움이 필요하다. 다섯째, 학생들의 심리적 특성을 고려하여 학습 내용을 조직한다(주영흠, 2001).

듀이의 문제해결학습법을 구체적으로 영화교육에 적용할 수 있는데, 그것은 다음과 같이 진행할 수 있습니다.

첫째, 문제제출 단계로 일상생활에서 해결이 필요하거나 흥미가 있는 문제를 제출하는 단계이다. 학생들은 영화 만들기에 앞서 어떤 주제를 가지고 영화적 소통을 할 것인가에 대한 논의가 필요하다.

둘째, 문제해결의 계획단계로 문제가 정해지만 모둠별로 과제를 분담하게 된다. 학생들은 결정된 주제를 통해 영화를 어떻게 만들 것인가에 대한 계획을 준비할 수 있다.

셋째, 문제해결을 위한 자료수집 및 분석단계로 모둠 속에서 자신의 정해진 역할을 수행하게 된다. 영화를 만들기 전에 역할 분담과 이를 위한 준비를 진행한다.

넷째, 문제해결이 이루지는 단계로 학생들은 그 동안 준비해온 영화 촬영에 들어가게 된다. 교사는 영화 촬영시 일어나는 어려움에 대해 관찰하고 이를 제거할 수 있다.

다섯째, 문제해결의 마지막 단계로 결과를 확인하고 이를 반성하는 과정이다. 영화 촬영과 편집이 마무리되고 완성된 작품을 공개하는 과정이다. 여기서 제기된 문제는 후속적인 보완을 거치게 된다(주영흠, 2001).

이렇게 듀이의 이론을 통해서 그동안 대중영화에만 익숙해 있던 학생들에게 경험적으로 낯선 예술영화를 감상하게 함으로써 교육적으로 접근할 수 있는 근거를 마련할 수 있을 것입니다. 즉, 학생들의 접근성을 높임으로써 예술영화에 대한 친밀감을 쌓을 수 있습니다.

영화 만들기 교육은 학생들이 이미 가지고 있는 상상력, 창조성, 지식 등을 총동원하여 이루어지는 협동 과정에 참여할 수 있게 합니다. 학습자들은 영화를 유의미하게 해석하고, 영화적 기술 또한 다룰 수 있어야 합니다. 결과적으로, 학생들은 영화감상과 실습으로 그동안 축적한 경험을 이용해서 영화 만들기라는 새로운 경험을 할 수 있습니다(앤더슨, 2009).

예를 들면, 영국에서 영화교육 수업을 받는 고등학생들은 일반적으로 영화 장르 과정을 이수하게 됩니다. 학생들은 영화제작을 통해 최종 평가를 받는데, 가장 많이 선택되는 장르는 바로 호러와 필름 느와르입니다. 이런 경향을 보이는 이유는 간단합니다. 제작비가 적게 들고 시간과 장소에 구속받지 않는 장르이기 때문이죠. 제작상의 어려움 때문에 전쟁영화, 서부영화, SF영화 등은 선호되지 않는 장르로 인식됩니다. 학생들은 서사적 요소보다는 도상적이고 양식적 관습에 보다 관심을 갖습니다(랭포드, 2005). 여기서 학생들이 선호하는 장르는 대중영화라는 범주에서 구분한 것입니다. 학생들은 상업적인 대중영화에서 선호하는 장르를 선택하여 영화를 제작하게 되는데, 대부분 30분 미만의 단편영화거나 다큐멘터리가 될 가능성이 큽니다. 하지만 교육 현장에서 진행되는 이러한 활발한 모습과 달리, 이에 대한 진지한 연구는 아직 영화교육에서 이루어지지 않고 있습니다.

다음은 마이클 앤더슨(Michael Anderson)과 미란다 제퍼슨(Miranda Jefferson)이 제시한 영화교육에 대한 이해를 돕

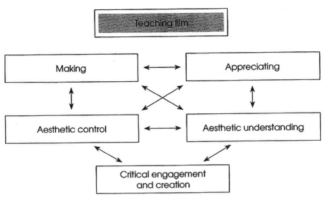

기 위한 도식입니다. 이들은 영화교육을 만들기(making)와 읽기(appreciating)라는 두 영역으로 구분하고 만들기 영역은 구체적인 행위와 결과물로서 미학적 통제(aesthetic control)로 보고, 읽기 영역은 미학적 이해(aesthetic understanding)를 바탕으로 합니다. 결국, 이러한 만들기와 읽기로 구성된 영화교육은 비평적 수용과 창조(critical engagement and creation)로 귀결됩니다. 여기서 언급한 개별 영역은 교육적 연속성을 위해 상호 작용하는 관계로 설정되어 있습니다.

영화교육에서 교육적 텍스트를 굳이 대중영화로 한정할 필요는 없을 것입니다. 앞서 언급한 예술영화도 부분적으로 학생들의 읽기 텍스트가 될 수 있으며, 결과적으로 그들이 제작한 영화가 대부분 이 범주 안에 들어가게 됩니다. 이에 따라 예술영화의 교육적 텍스트로서의 필요성은 부정할 수 없게 됩니다. 특히 다큐멘터리를 중심으로 예술영화의 교육적 가치를 살펴보고, 이와 함께 실험영화와 단편영화의 교육적 텍스트로서 의미를 검토해 볼 것입니다.

영화사 초기에 많은 작품들은 일상에서 일어나는 일을 그대로 카메라에 담는 것이었습니다. 새삼스럽게 로버트 플라허티(Robert Flaherty)나 존 그리어슨(John Grierson)까지 가지 않더라도 다큐멘터리의 역사는 영화의 탄생과 그 궤를 같이하고 있죠. 에릭 바누(Erik Barnouw)는 다큐멘터리를 언급하기에 앞서 최초로 영화가 대중에게 경험된 순간을 다음과 같이 설명하고 있습니다.

루이 뤼미에르가 남프랑스의 라 치오타(La Ciotat)에서 촬영한 '열차의 도착(Arrival of a Train)'이라는 작품으로, 카메라를 선로 옆 플랫폼에 설치하여 열차가 멀리서부터 가까이 다가오는 장면을 롱 셧트부터 클로즈업까지 찍었다. 이 영화가 상영되었을 때 관객들이 가까이 다가오는 열차에 놀라 비명을 지르며 몸을 피하는 소동까지 있었다(바누, 1974).

이러한 낯선 경험이 100년이 훌쩍 넘은 지금에 와서는 너무나 익숙한 경험으로 전이되었습니다. 이와 관련해서 마이클 래비거(Michael Rabiger)는 자신의 다큐멘터리 제작 경험을 다음과 같이 언급하고 있습니다.

다큐멘터리 영화 덕분에 이제 보통 사람들도 자신의 사정을 공적으로 주장하고, 나아가 자신들의 생각과 환경, 그리고 통찰력에 대해 매우 세련된 기록을 남길 수 있게 되었다. 나는 미래의 역사가들이 다큐멘터리 감독들이 만든 평범한 사람들에 대한 기록을 보면서, 과거의 역사가들이 남긴 공식적인 기록 못지않게 중요하게 다루는 즐거운 상상을 해본다(래비거, 1992).

영화교육에서 다큐멘터리는 학생들이 주변에서 경험한 것, 관찰한 것, 사회적·개인적 이슈 등에 대한 글쓰기라고 할 수 있습니다. 래비거가 말한 대로 비록 공식적인 기록은 아니지만, 사실적으로 주변을 바라보고 이것을 재현하고 재구성하는 과정을 통해 현실에 대해 객관적으로 이해할 수 있습니다.

이러한 다큐멘터리의 경험에 있어서 미국의 교육비디오센터(Educational Video Center, EVC)의 다큐멘터리 교육은 남다른 의미를 갖습니다. EVC는 매학기 고교 다큐멘터리 워크숍(또는 Doc Workshop)을 운영하고 있는데, 이들은 학생들이 다큐멘터리를 제작하는 과정에서 제기되는 다양한 아이디어와 질문, 문제해결 등을 제시하고 있습니다. 이러한 다큐멘터리 제작과정은 비평적 리터러시 능력을 향상하는 데 많은 역할을 제공하고 있습니다. 이들은 개인적 경험과 자신의 주변 문제를 비롯한 사회적 이슈까지도 포함하는 작품을 만들게 됩니다. 아래 EVC의 다큐멘터리 교육은 앞서 언급한 듀이의 문제해결학습법과 유사하게 진행되는데, 이 다큐멘터리

워크숍의 기본 원리는 다음과 같습니다(굿만, 2003).

- 본 다큐멘터리 프로젝트를 통해서 학생들은 자신이 속한 커뮤니티, 학교, 가정 등이 직면한 중요한 문제를 탐험하게 된다.
- 학생들은 자신의 이전 학기 학업성취에 상관없이 다양한 분야에 참여할 수 있다. 예를 들면, 카메라, 편집, 사운드 기술, 인터뷰 진행, 연기, 음악 등에서 본인이 제공할 수 있는 분야에 중요한 역할을 맡게 된다.
- 본 다큐멘터리 제작과정은 협력적으로 이루어진다. 학생들은 한 학기 18주 중의 12주를 팀의 일원으로서 참여하게 된다. 이 작업은 처음부터 끝까지 모둠 작업을 통해 진행된다.
- 비평적인 영역은 제작과정 안에 포함해서 학생들에게 의미가 어떻게 소통이 되고 유의미화 되는가에 대해 논의한다.
- 제작이 완료되면 최종적으로 다큐멘터리를 공개 상영한다. 이를 통해 다양한 반응을 살펴보고 반성할 기회를 얻을 수 있다.
- 마지막으로 학생들은 자신이 제작한 작품과 이에 대한 비평적 작업을 학부모, 교사, 동료 등으로부터 평가와 조언을 받게 된다.

EVC와 유사한 방식으로 영국 영화교육은 일부 프로그램이 아닌 정규 교육과정에서 다큐멘터리를 다루고 있습니다. 특히 BFI는 다양한 교재를 개발하고 교사교육을 진행하고 있습니다. 그중 BFI에서 출간된 사라 벤야히아(Sarah Benyahia)가 쓴 『영화와 TV 다큐멘터리 교육 Teaching Film and TV

Documentary』(2008)은 최근 다큐멘터리에 관한 관심이 증가하고 있음을 반영한 것입니다. 이 책에서 저자는 다큐멘터리의 개념에서부터 역사적 접근 등 다양한 이론적이고 비평적인 내용을 다루고 있습니다. 또한 다큐멘터리의 주제는 일상생활에서부터 정치적이고 논쟁적인 이슈까지 다양한 부분을 포함할 수 있음을 지적하고 있습니다.

지금까지 미국과 영국의 사례를 통해 다큐멘터리의 보편적 접근을 살펴보았는데, 이제 이보다 덜 대중적인 실험영화가 교육적 텍스트로서 어떤 의미를 지니는지 알아봅시다. 사실 실험영화의 교육적 가치에 대해 언급한 선행 연구가 많지는 않습니다. 1920년대 유럽의 아방가르드(avant-garde)를 통해 실험영화의 탄생이 이루어졌는데, 다다이즘(Dadaism)과 초월주의(Surrealism)를 중심으로 나타났습니다. 예를 들면, 르네 클레어(René Clair)의 〈막간 Entr'acte〉(1924), 루이 브뉘엘(Luis Buñuel)과 살바도르 달리(Salvador Dali)의 〈안달루시아의 개 Un chien andalou〉(1929) 등이 바로 대표적인 예라고 할 수 있습니다. 이후 마야 데렌(Maya Deren), 케네스 앵거(Kenneth Anger), 앤디 워홀(Andy Warhol) 등 실험영화 감독들로 그 명맥이 이어졌습니다.

팸 쿡(Pam Cook)은 자신이 BFI에서의 교육적 경험을 바탕으로 아방가르드를 교육할 수 있는 프로그램을 만들었습니다. 이른바 '상호적 야간수업 Extra Mutual Evening Class' 프로그램을 통해서 이전에 아방가르드 영화 또는 독립영화를 경험하지 못했던 일반인을 대상으로 수업을 진행했습니다. 그의 논문 「아방가르드 영화교육: 실습 참고 사항 Teaching Avant-Garde Film: Notes towards Practice」에서 아방가르드 영화의 교육방법을 제시했는데 구체적으로 다음과 같은 과정이 필요하다고 주장합니다. 재현(re-presentation) 단계에서 교사는 영화에 대한 자료를 수집하고, 학생들에게 해당 영화를 보여줍니다. 그리고 중재(mediation) 단계에서 교사는 수집한 자료를 학생들의 이해를 돕기 위해 재해석과 자세한 설명을 제공합니다. 마지막으로 흥미유발(provocation) 단계에서 학생들은 영화에 대한 다양한 사고와 비평을 하는데 관심을 갖고 다양한 질문과 토론과정을 가집니다(쿡, 1993).

교육대상에 따라 접근 방법은 차이가 있지만, 쿡은 기본적으로 이러한 과정을 통해서 일선 학교, 대학교, 평생교육원 등에서 다양한 대상을 상대로 아방가르드 영화를 교육할 수 있다고 믿었습니다. 쿡에 따르면, 교사 대부분은 아방가르드 혹은 독립영화를 가르치는 데 있어서 단순히 영화를 보여주고 그에 대한 약간의 설명을 붙이는 정도로 진행되고 있음을 지적했습니다. 이러한 가운데 학생들은 기존 상업영화에 길들어 있기 때문에 이런 영화를 처음 보았을 때 거리두기를 할 수 있다는 점을 강조했습니다.

사실 단편영화는 영화교육에 있어서 상당히 중요한 부분인데 현실 교육에서는 제대로 진가를 발휘하지 못하고 있습니다. 문자 그대로 상업영화와 비교하면 영화의 러닝타임이 현저하게 짧다는 것이 가장 큰 형식상의 특징이죠. 대부분의 단편영화가 30분 미만이고 상당히 많은 수의 영화가 10분 내외로 이루어져 있습니다. 이것은 한 차시 수업에서 단편영화를 충분히 감상할 수 있는 시간을 제공할 수 있다는 것을 의미합니다. 이러한 형식적 축약성 또는 함축성은 교사에게 영화의 이야기를 파악하고, 그 이야기 너머에 있는 다양한 비평적 이해를 제공하는 데 많은 도움을 줍니다. 특히 이 점은 학생들에게 능동적으로 영화에 관한 토론에 참여하는 장을 마련할 수 있습니다. 심지어 이런 단편영화의 수업 적용은 중등학교뿐만 아니라 초등학교까지 그 저변을 확대할 수 있습니다.

단편영화의 또 다른 측면은 접근의 용이성입니다. 유튜브 등 인터넷을 통한 동영상 서비스 사이트가 현재 활발하게 움직이고 있으며, 최근 이러한 경향은 단편영화에 대한 접근성을 보다 가시적으로 만들고 있습니다. BFI의 영화교육 교재인 사이몬 키(Symon Quy)의 『단편영화 교육 Teaching Short Films』(2007)은 영국뿐만 아니라 다양한 국가에서 제작된 영화를 통해 단편영화의 기능과 형태를 이해하는 데 목적을 두고 있습니다. 이 교재에서 키는 단편영화의 이론적인 내용을 살펴보고 산업적으로 단편영화의 위치, 그리고 단편영화의 제작과정을 다루고 있습니다.

지금까지 언급한 예술영화의 교육적 가치는 실험영화, 단편영화, 그리고 다큐멘터리 등의 영역에서 학습자 중심의 경험을 통하여 학습자가 스스로 문제해결 능력을 키우기 위한 과정으로 자기 주도적 학습의 중요성이 강조됩니다.

이 장에서는 문화예술교육으로서 영화교육의 의미, 예술영화의 범주, 그리고 예술영화의 교육적 텍스트로서의 가치에 대해 논의해 보았습니다. 무엇보다도 예술영화를 일선 학교에 적용할 때 주의할 점은 지나치게 이론 중심으로 흘러서는 안 된다는 것입니다. 이처럼 지나치게 이론과 학문을 중심으로 진행한다면, 앞서 지적한 대로 지나친 문화적 엘리트주의에 빠질 수 있기 때문이죠. 문화예술교육으로서 영화교육은 고급문화와 대중문화의 차별화를 지양하고, 기존 고급문화로 인식되었던 예술영화에 대한 탈신비화가 함께 이루어져야 할 것입니다.

실제로 교육적 텍스트로서 예술영화를 지도하는 데 있어서 무엇보다도 중요한 것은 학생들이 다른 학생과 상호작용을 통해 아이디어, 문제해결, 과제분담 등의 경험을 통해서 자기 주도적인 프로젝트에 능동적으로 참여할 수 있게 하는 것입니다. 창조적 사고, 소통 중심, 확산적 사고를 통해서 학생들은 프로젝트의 주제를 의사결정 과정을 통해 결정하고, 이를 탐구하는 과정이 필요하죠. 따라서 예술영화 프로젝트를 운영하기 위해서는 듀이의 문제해결학습에서처럼 긍정적 상호작용, 리더십의 공유, 개인의 역할과 책임, 문제해결을 위해 모둠의 관계 지속성 강조, 교사의 관찰과 때로는 적극적인 개입이 요구되기도 합니다.

■ 참고문헌

김세훈 외, 「문화예술교육 중장기 발전 방안」, 한국문화관광정책연구원, 2004.

정영근, 「디지털문화시대의 영화와 교육」, 『교육인류학연구』 6권 2호, 한국교육인류학회, 2003.

주영흠 외, 『신세대를 위한 교육학개론』, 학지사, 2002.

최샛별·최흡, 『만화 문화사회학적 읽기』, 이대출판부, 2009.

Anderson, Michael & Jefferson, Miranda, *Teaching the Screen: Film Education for Generation Next*, Crows Nest: Allen & Unwin, 2009.

Barnouw, Erik, *Documentary: A History of the Non-fiction Film*, New York: Oxford University Press, 1974. 이상모·도서희 역, 『다큐멘터리』, 다락방, 1992.

Buckingham, David and Sefton-Green, Julian, "Multimedia Education: Media Literacy in the Age of Digital Culture", in Robert Kubey, ed., *Media Literacy in the Information Age: Current Perspectives*, New Brunswick, New Jersey: Transaction, 1997.

Buckingham, David, *Media Education: Literacy, Learning and Contemporary Culture*, Cambridge: Polity, 2003. 기선정·김아미 역, 『미디어교육』, JNBook, 2004.

Cook, Pam, "Teaching Avant-Garde Film: Notes towards Practice", in Manuel Alvarado, Edward Buscombe, Richard Collins, ed., *The Screen Education Reader: Cinema, Television, Culture*, New York: Columbia University Press, 1993.

Elsaesser, Thomas and Hoffmann, Kay, *Cinema Futures: Cain, Abel or cable?: The Screen Arts in the Digital Age*, Amsterdam: Amsterdam University Press, 1998. 김성욱, 하승희, 이재연 역, 『디지털 시대의 영화』, 한나래, 2002.

Goodman, Steven, *Teaching Youth Media: A Critical Guide to Literacy, Video Production & Social Change*, New York: Teachers College Press, 2003.

Hollows, Joanne, "Mass Culture Theory and Political Economy", in Joanne Hollows, Mark Jancovich, ed., *Approaches to Popular Film*, Manchester: Manchester University Press, 1995. 문재철 역, 『왜 대중영화인가』, 한울, 1999.

Langford, Barry, *Film Genre: Hollywood and Beyond*, Edinburgh: Edinburgh University Press, 2005. 방해진 역, 『영화 장르』, 한나래, 2010.

Neale, Steve, "Art Cinema as Institution", *Screen 22*, No. 1, 1981.

Nowell-Smith, Geoffrey, "Art Cinema", in Geoffrey Nowell-Smith, ed., *The Oxford History of World Cinema*, New York: Oxford University Press, 1996.

Rabiger, Michael, *Directing the Documentary*, Boston: Focal Press, 1992. 조재홍·홍형숙 역, 『다큐멘터리』, 지호, 1997.

Wilinsky, Barbara, *Sure Seaters: The Emergence of Art House Cinema*, Minneapolis, MN: University of Minnesota Press, 2001.

5장 교육영화의 개념과 수용

영화 분야에서 교육영화란 매우 낯선 개념입니다. 개인적으로 영화 분야에서 교육영화에 대해 언급하는 것을 들어본 적이 없습니다. 오히려 교육 분야에서 더 많이 사용하는 개념입니다. 과연 어떤 영화를 교육영화라고 할 수 있는가에 대해 생각해보는 것으로 논의를 시작해 봅시다.

무엇보다 교육영화는 교육과 관련 있는 학문 분야에서 종종 사용되는 개념으로 볼 수 있습니다. 구체적으로 살펴보면, 송희복(2004)의 「교육영화의 이해와 그 글쓰기의 의미」와 김영철(2011)의 「교육영화론 연구: 오손 웰즈의 〈시민 케인〉을 중심으로」는 교육학 학술지인 『교육인류학연구』에서, 그리고 최우석(2006)의 「교육의 발견: 〈매트릭스〉는 교육영화다」도 마찬가지로 교육학 학술지인 『교육원리연구』에서 교육영화에 대한 담론을 비중 있게 풀어내고 있습니다. 이들 연구의 공통점은 모두 교육학적 접근을 통해 교육영화에 대해 개념화하고 있다는 점입니다. 반대로, 영화 관련 학술지나 논문에서 교육영화에 대한 접근은 좀처럼 찾아볼 수 없습니다. 그렇다면 영화 분야는 왜 교육영화란 주제에 대해 그렇게도 인색한지 궁금하지 않을 수 없습니다.

무엇보다도, 교육영화라는 개념이 영화 분야에서 사용하는 개념으로 볼 수 없기 때문입니다. 즉, 영화 이론은 영화를 텍스트적 또는 컨텍스트적으로 분석하는 경향이 많아요. 이에 접근하는 데 있어서 윤리적, 종교적, 교육적 잣대를 들이대는 경우는 좀처럼 드물기 때문입니다.

또 다른 이유는 교육영화라는 개념에서 영화는 교육적 가치를 내세우게 되는데, 이는 영화가 영화 자체를 위한 것이기보다는 다른 학문, 특히 교육과 관련된 학문에 도구적으로 사용되기 때문이죠. 사실, 교육영화는 잠재적으로 영화가 도구적으로 사용될 수밖에 없는 태생적 한계를 지니게 됩니다.

이 장에서는 교육영화의 개념에 대한 논의로 시작해보려고 합니다. 과연 교육영화는 어떤 의미가 있고, 어떤 형태로 유형화될 수 있는가를 살펴볼 예정입니다.

1. 교육영화에 대한 다양한 접근

교육영화와 달리 교육연극은 비교적 일찍부터 명확하게 개념화되었습니다. 교육연극은 TIE(Theater In Education)와 DIE(Drama In Education)로 구분하는데, 먼저 TIE는 연극을 체계적으로 교육하는 데 있어서 학생들을 공연에 참여시키는 형태로 이루어집니다. 반면 DIE는 수업하는 곳에서 연극을 통한 교육적 변화 또는 효과를 기대하는 것입니다. 이처럼 교육연극이란 개념은 여러 분야에서 폭넓게 이해되었고, 연극 분야에서도 활발하게 사용되었습니다.

이러한 연극적 구분을 영화에 적용하면, 영화교육과 교육영화로 구분할 수 있습니다. 앞서 살펴본 연극교육처럼 영화교육도 영화 읽기와 만들기에 대한 체계적인 교육을 의미하기도 하죠. 반면, 교육영화는 교육적 가치를 구현하는 데 사용될 수 있는 영화적 장치를 의미합니다. 앞서 언급했듯이, 그동안 교육영화의 개념은 영화 분야에서는 자주 사용되는 개념이 아니었습니다. 오히려 교육학과 관련된 분야에서 영화의 교육적 활용에 대한 논의 중에 만들어진 개념입니다.

기존의 논의를 살펴보면, 무엇보다도 교육학과 관련된 분야에서 교육영화의 개념을 다루고 있음을 알 수 있습니다. 서울대학교 교육연구소가 펴낸 『교육학용어사전』(1995)에서는 교육영화의 개념을 아래와 같이 정의하고 있습니다.

교육영화: 교육에 이용할 것을 목적으로 제작된 영화. 교육영화에는 좁은 의미의 교재영화(敎材映畫, instructional film)와 넓은 의미의 교육영화가 있다. 교재영화는 학습단원에 맞게 제작된 것으로 도입·전개·정리 등의 학습 단계에서 직접 교수과정에 사용될 수 있는 것이며, 교육영화는 교재영화를 포함하여 학교교육·사회교육의 목적으로 제작된 영화와 교육목적을 가진 아동의 극영화까지를 포함하여 말한다.

교육영화에 대한 사전적 정의는 좁은 의미로 교재영화라는 개념을 사용하고 있으며, 넓은 의미의 교육영화는 교재영화를 포함해서 아동의 극영화를 포함하고 있습니다. 알렌(W. H. Allen)에 따르면, "instructional film이라는 용어는 가르칠 목적으로 사용되는 모든 종류의 영상물들, 즉 영화, 사진 슬라이드, 필름스트립, 투명그림 등을 포함한다. … 이러한 영상물은 교수 목적으로 특별히 제작된 것일 수도 있고, 다른 목적으로 제작되었지만 결과적으로 교수활동에 이용되는 것일 수도 있다"고 합니다(알렌, 1971).

여기서 아동의 의미는 일반적인 의미로 어린이를 지칭하기보다는 아동복지법에 따른 18세 미만의 사람을 이르는 말입니다. 우리나라의 등급 시스템에서 18세 이상 영화를 제외하고, "학교교육·사회교육의 목적으로 제작된 영화와 교육목적을 가진" 극영화로 교육영화를 한정합니다. 반대로, 교육적인 목적이 없이 제작된 영화는 교육영화로 볼 수 없다는 결론을 도출할 수 있습니다. 서울대 교육연구소가 나름 넓은 의미로 교육영화를 정의했지만, 이 장에서는 교육적인 목적이 없이 제작된 일반 상업영화도 교육영화의 범주에 넣고자 합니다. 이 부분에 대해서는 차후 다시 논의할 것입니다.

한편, 송희복(2004)은 다음과 같이 교육영화를 정의하고 있어요. 그에 따르면, "교육영화는 교육을 소재로 하거나 배경으로 삼은 영화 중에서 인간에 관한 진지한 물음을 제기하는 영화라고 말할 수 있을 것이다. … 교육영화는 인격과 인간성과 인간의 품위와 이성적인 공동선(共同善)의 실현 등의 문제와 밀접하게 관련된다"고 말합니다. 이러한 개념적 접근과 함께 송희복(2004)은 교육영화의 유형과 그 성격을 세 가지로 제시하고 있습니다.

첫째 교사 소재형 교육영화는 교육의 주체인 교사를 제재론의 중심부에 둔 경우를 말하며, 구체적인 예로 〈언제나 마음은 태양〉(1967), 〈위험한 아이들〉(1995), 〈죽은 시인의 사회〉(1989) 등을 다루고 있다.

둘째 성장기 경험형 및 캠퍼스 드라마형 교육영화는 교육의 대상인 학생을 중심으로 교육 또는 학교를 다루는 경우의 영화이며, 〈400번의 구타〉(1959), 〈비버리 힐스의 아우성〉(1998), 〈고교얄개〉(1976), 〈행복은 성적순이 아니잖아요〉(1989), 〈여고괴담〉(1998) 등이 이에 해당된다고 언급하고 있다.

셋째 문제제기적 대안형 및 반사회적 일탈형 교육영화는 주체·대상 못지않게 사회적 현실의 장(場)과 의미가 부각된 경우로 교육을 둘러싼 그들의 상이한 욕망과 세계관을 다룬 영화라고 할 수 있는데, 구체적으로 〈이프〉(1968), 〈핑크 플로이드의 벽〉(1999), 〈나쁜 영화〉(1997) 등을 제시하고 있다.

하지만 여기서 언급한 영화들은 대부분 청소년관람불가 영화로 교육영화의 범주에 넣기 어렵습니다. 물론 성인을 위한 교육영화라고 할 수도 있지만, 일반적으로 학생들을 위한 교육영화의 범주에는 불가한 영화라고 할 수 있어요.

한편, 최용성·민병욱은 교육영화의 정의적 접근보다는 시대별 교육영화의 특징과 교육영화에 나타난 가치의식에 대해 주로 논의하고 있습니다. 시대별 교육영화의 특징을 1970년대·80년, 1990년 초반, 그리고 1990년대 후반 이후로 구분하고 있으며, 각 시대별 구체적인 교육영화를 언급하죠. 이 글에서는 교육영화의 개념을 구체적으로 언급하지 않지만, 기본적으로 학교를 배경으로 하고 교육 문제를 다루고 있는 영화로 한정하고 있습니다. 여기서 예로 든 영화로는 〈고교얄개〉, 〈행복은 성적순이 아니잖아요〉, 〈꼴지부터 일등까지 우리반을 찾습니다〉(1990), 〈닫힌 교문을 열며〉(1992), 〈여고괴담〉 등으로 학교라는 공간적인 부분에 공통점이 많아요(최용성, 2006).

1976년 발표된 김정예의 논문 「한국 교육영화의 역사적 고찰」은 비교적 오래된 연구이지만, 교육영화에 대한 접근을 그 어느 연구자보다 체계적으로 진행했습니다. 그는 한국 교육영화의 개념과 그 변천 과정을 역사적으로 접근하고 있습니다. 먼저, 교육영화를 두 가지 측면에서 정의하고 있습니다. 첫째 일정한 교육과정에 맞추어 적절하게 계획된 학습지도를 위하여 제작되어 각급 교육기관에서 사용하는 영화를 말하며, 둘째는 교과과정에 맞추어 제작된 것은 아니지만 일정한 교육목표 달성을 위하여 활용되는 모든 영화를 포함한다는 것이죠(김정예, 1976). 여기서 김정예는 교육영화의 범위를 매우 넓게 해석하고 있는데, 그 이유에 대한 설명을 함께 덧붙였습니다. 당시 교육영화의 개념을 광의적으로 해석한 이유는 영사기의 보급이 각 교실마다 보급된 것이 아니라 개별 수업시 교육영화를 사용하는 데 많은 어려움이 있었기 때문입니다. 다음은 김정예가 교육영화의 범위를 확장한 이유에 대한 설명입니다.

여기에서 두 번째 경우를 첨가시킨 이유는 우리나라에서 제작된 많은 교육영화가 교육과정과 학습지도 계획에 맞추어 제작된 것이 아니고 대부분이 도덕교육이나 반공의식을 고취시키기 위한 영화였으며 또한 학교교실에서 활용한 영화보다는 학교의 단체입장 관람형식이 대부분이었음을 생각하여 교육영화의 범위를 넓혀서 생각했음을 밝혀둔다(김정예, 1976).

김정예는 한국 교육영화의 궤적을 1970년대까지 다섯 단계—해방 이전(1903~1945), 초창기(1945~1957), 계몽전기(1958~1962), 계몽후기(1963~1968), 성장기(1969~1973)—로 구분하고 있습니다. 구체적으로 살펴보면, 첫째 일제 치하의 교육영화는 일본 식민지 정책을 도모하기 위한 계몽영화가 제작되는 한편, 한국에 있는 일본 학생들을 위해 교육영화가 사용되었다고 말합니다. 둘째, 초창기 교육영화 기간에는 미군정기 동안 미국 교육제도가 도입됨에 따라 영화교육에 관심을 갖기 시작했으며, 교사들에게 영화교육에 관한 기술과 방법을 보급하기 시작했습니다. 셋째, 계몽전기 교육영화 시기는 1958년 시범시청각교육원사업이 시작되어 700개의 교육영화가 보급되었습니다. 국립영화제작소와 민간 교육영화제작사들이 설립되어 수십 편의 순수한 교재영화가 제작되었습니다. 넷째, 계몽후기 교육영화 기간에는 중앙시청각교육원이 발족된 이후 시청각 교재 인정 규정이 발표되고, 일선 교사에게 교육영화의 특성과 효과에 대한 교육이 이루어진 시점이라고 주장합니다. 다섯째, 성장기 교육영화 시기는 모든 학교에 영사기와 교육영화를 획기적으로 보급하는 전기를 마련했습니다(김정예, 1976).

최우석은 그의 논문에서 〈매트릭스〉가 지닌 교육적 측면을 제시하면서, 이를 교육영화로 해석하고 있습니다. 그는 정영근, 송희복 등의 선행 연구를 통해 교육영화의 특징을 두 가지로 압축했습니다.

첫째, 교육영화는 교육하려는 목적으로 사용되는 영화로 특수하게 제작된 영화나 제작 의도와 무관하게 교육하는 데에 활용되는 영화를 말한다. 다시 말해서, 영화적 기능이나 제작목적으로 교육영화의 패러다임을 설정하는 방식이다.

둘째, 교육영화는 교육과 관련된 주제나 문제를 보여주는 영화를 의미한다. 즉, 영화의 소재에 따른 분류 방식이다(최우석, 2006).

최우석은 교육영화의 개념을 "교육을 소재로 하고 있는 영화, 교육이라는 세계를 다루고 있는 영화"로 한정하고 있습니다. 그는 기능이나 제작 목적에 따른 교육영화를 교육영화라는 개념보다 교육용 영화라고 하는 것이 타당하다고 봅니다. 예를 들면, 교실용 영화, 학원용 영화, 박물관용 영화, 기업용 영화 등 교육용 영화라고 할 수 있음을 제시했어요.

교육영화라는 개념은 크게 두 가지 의미로 이해되고 있다고 정리해 볼 수 있겠다. 그 하나는 뭔가를 교육하려는 목적으로 사용되는 영화로서 이런 목적에 맞게 특수하게 제작된 영화나 제작의 의도와 무관하게 교육하는 데에 활용되는 영화를 지칭하는 것이다. 또 다른 하나는 교육을, 또는 교육과 관련된 주제나 문제를 보여주는 영화를 교육영화로 보는 시각이다. 전자는 영화의 기능이나 제작 목적으로 영화를 규정하는 방식이고, 후자는 영화의 소재로 영화를 특징 지으려는 방식이라고 할 수 있다(최우석, 2006).

2. 교육영화에 대한 새로운 접근

지금까지 살펴본 다양한 관점에서 논의된 내용을 바탕으로 교육영화의 개념을 새롭게 정의하면 다음과 같습니다. 교육영화는 교육에 이용할 것을 목적으로 제작된 교재영화를 넘어서 교육적 활용이 가능한 15세 등급 이하의 모든 영화를 의미합니다.* 여기서 주목할 부분은 교육적 활용이 가능한 모든 상업영화 또는 비상업영화를 포함한다는 것이죠. 그리고 비록 영화라는 포맷은 아니지만, TV 프로그램, 인터넷 영상, 애니메이션 등 움직이는 이미지를 나타내는 대부분의 형태도 교육영화에 포함된다는 것입니다. 이것은 영화교육이 영화만을 대상으로 하지 않으며, 앞서 언급한 다양한 포맷의 영상을 종합적으로 다루고 있기 때문입니다.

교육영화는 크게 세 가지 유형으로 분류됩니다. 먼저, 교육을 위해 특별하게 제작한 영화를 의미합니다. 예를 들면, EBS의 교육프로그램, 학원들의 인터넷 강의(수능강의부터 한국사강의 등등)가 포함됩니다. 이러한 교육영화의 역사를 살펴보면, 영화가 대중에게 알려지기 시작하면서 영화와 아동교육에 대한 논의가 빈번하게 나타났습니다.

이렇게 영화사 초창기부터 등장한 교육영화는 최근 유튜브

---

* 성인을 위한 교육영화는 등급의 제한이 없으며, 교육적 목적으로 활용될 수 있는 대부분의 영화를 포함합니다.

교육영화의 유형

교육을 위해 제작된 영화

(비)상업영화지만 교육적
가치가 있는 영화

학교, 학생, 교사를 통해
교육적 이슈를 담은 영화

를 통해서 한국사 인터넷강의에 상업영화를 직접 적용하는 사례가 늘고 있어요. 이것은 유명 한국사 강사와 영화 배급사의 연합 마케팅의 하나로 제작되고 있습니다. 지금까지 〈사도〉(2015), 〈명량〉(2014), 〈국제시장〉(2014), 〈광해, 왕이 된 남자〉(2012) 등이 이 같은 방식으로 제작되어 많은 조회수를 올리고 있습니다. 대중적인 영화와 한국사의 특정 시대를 연결하여 교육적 효과를 극대화시키고 있는 사례라고 볼 수 있지요. 이런 점에서 교육영화가 교육적 목적에 의해 제작되어야 한다거나 상업영화는 배제되어야 한다는 편견에서 더욱 자유로워질 것입니다.

교육영화의 두 번째 유형은 상업영화로 제작되었지만, 교육적으로 활용할 만한 가치를 인정받은 영화라고 할 수 있습니다. 과연 〈광해, 왕이 된 남자〉를 교육영화라고 말할 수 있을까요. 사실 이 영화가 수업 시간에 활용되지 않는다면 교육영화라고 칭하기는 어려울 것입니다. 하지만 〈광해, 왕이 된 남자〉는 고등학교 한국사 수업 시간에 분명히 활용될 수 있는 교육영화입니다. 비록 〈광해, 왕이 된 남자〉는 교육영화의 첫 번째 유형인 교육적 목적을 위해 제작된 영화도 아니고, 세 번째 유형인 학교라는 공간이나 학생과 교사라는 신분적 위치도 다루지 않습니다. 그래서 교육영화의 두 번째 유형은 상업영화를 교육적 틀 속으로 끌어들이는 데 매우 유용하게 작용합니다.

마지막으로 교육영화는 학교라는 공간이나 학생과 교사라는 직업적 관련성을 주제로 하는 영화를 말합니다. 이런 의미에서 로빈 윌리엄스가 연기한 존 키팅 선생님이 매우 인상적이었던 〈죽은 시인의 사회〉와 같은 현실 교육에 대한 비판을 주제로 한 영화까지 교육영화가 될 수 있습니다. 따라서 〈모나리자 스마일〉(2003), 〈스쿨 오브 락〉(2003), 〈홀랜드 오퍼스〉(1995) 등의 영화도 교육영화에 포함됩니다.

그러나 학교, 교사, 학생들이 영화에서 언급되었다고 모두 교육영화가 될 수는 없습니다. 앞서 교육영화에 대한 정의에서도 알 수 있듯이 관람 등급에 대한 부분도 주의 깊게 살펴보아야 합니다. 〈디태치먼트〉(2011)에는 교사, 학교, 학생들이 주요하게 등장하지만, 관람 등급이 청소년관람불가입니다. 따라서 국내 관람 등급에 따라 전체관람가, 12세이상관람가, 15세이상관람가에 해당되는 영화만이 교육영화의 범주에 들어갈 수 있습니다. 교육영화는 어떤 경우라도 등급을 외면할 수 없겠죠. 이러한 문제는 현행 영화 교과서에서도 자주 발생하는 문제라고 할 수 있습니다. 교육적 목적에 맞춰 제작된 수많은 인정교과서에서 청소년관람불가 영화가 마치 교육영화처럼 언급되는 경우가 종종 발생하기도 합니다. 이는 사전에 등급에 대한 논의가 미처 언급되지 않았기 때문입니다. 심지어 아래 언급된 고등학교 시나리오 교과서에는 청소년관람불가 영화인 〈박하사탕〉(1999)의 시놉시스를 자세히 분석하기도 합니다.

한편, 학생들과 전체 영화를 보고 논의하는 것은 아니므로 청소년관람불가 영화를 수업시간에 다룰 수 있다고 말합니다. 그뿐만 아니라 등급이란 것은 영화의 전체 내용을 판단해 정해지는 경우가 있고, 특정 장면의 선정성이나 폭력성 때문에 정해지는 경우도 있습니다. 결국 전체 영화를 보여주는 것이 아니라면 교사가 어떻게 편집해서 사용하느냐에 따라 결정해야지 영화의 등급으로 그 활용 여부를 결정해서는 곤란하다는 주장이죠. 이것은 영화를 전공한 사람으로서 충분히 공감할 수 있는 부분입니다. 하지만 영화교육에서든 교육영화에서든 교육과 관련된 부분이라면 등급을 벗어난 영화를 학생들에게 상영한다는 것은 엄연히 불법입니다. 예를 들어, 성인용 소설을 국어 시간에 특정 부분을 발췌해서 수업한다고 상상해보세요. 이러한 사례는 학생들이 직접 성인용 콘텐츠를 소비하는 것은 아니나 노출 자체를 금기시하고 있기 때문입니다.

■ 참고문헌

김영철, 「교육영화론 연구: 오손 웰즈의 〈시민 케인〉을 중심으로」, 『교육인류학연구』, Vol.14 No.3, 2011.

김정예, 「한국 교육영화의 역사적 고찰」, 이화여대 석사논문, 1976.

서울대학교 교육연구소, 『교육학용어사전』, 1995.

송희복, 「교육영화의 이해와 그 글쓰기의 의미」, 『교육인류학연구』, Vol.7 No.1, 2004.

최용성·민병욱, 「한국교육영화의 지형도와 영화에 나타난 교육적 가치」, 『민족문화논총』, 34, 2006.

최우석, 「교육의 발견: 〈매트릭스〉는 교육영화다」, 『교육원리연구』, Vol.11 No.2, 2006.

W. H. Allen, *The Encyclopedia of Education* Vol 4 (The Macmillan Company & The Free Press, 1971). 최우석, 「교육의 발견: 〈매트릭스〉는 교육영화다」, 『교육원리연구』, Vol.11 No.2, 2006에서 재인용.

6장 교실에서 영화 사용의 쟁점

　이 장에서는 앞 장에 이어 청소년관람불가 영화(이하 청불영화)와 등급/연령 불일치 영화의 교육적 활용에 대해 살펴보겠습니다. 단순히 아동·청소년이 이러한 영화를 관람하는 것을 차단해야 한다는 보호주의적 관점을 취하는 것은 결코 아닙니다. 사실, 일선 고등학교 현장에서 사용되는 영화 교과서에도 청불영화를 언급하거나 분석하는 부분이 있고, 이 과정에서 교사나 학생이 등급에 대한 뚜렷한 인식 없이 무분별하게 청불영화나 등급/연령 불일치 영화를 접하게 되죠. 이런 상황은 현장에서 반복적으로 이루어지고 있지만, 누구도 문제의 심각성을 깊이 고민하고 있지 않습니다. 하지만 교육을 핑계로 청불영화와 등급/연령 불일치 영화를 교실에서 상영하는 것은 엄연히 법의 테두리를 뛰어넘을 일입니다. 과연 청불영화와 등급/연령 불일치 영화는 교육영화로 활용될 수 있는가라는 질문을 던지며 논의를 시작하고자 합니다.

여기서 말하는 등급/연령 불일치 영화는 등급과 관람 나이가 일치하지 않은 영화를 의미합니다. 예를 들어, 중학교 1학년 교실에서 15세 등급의 영화를 상영하는 경우라고 할 수 있죠. 기본적으로 청불영화도 등급/연령 불일치 영화에 속합니다. 이 장에서 청불영화는 주로 고등학교 교실에서 사용되는 것으로, 등급/연령 불일치 영화는 초등학교와 중학교 교실에서 상영되는 것으로 구분해서 다루고 있습니다. 물론 고등학교에서 상영되는 청불영화도 등급/연령 불일치에 해당합니다. 사실, 초등학교와 중학교에서 청불영화를 사용하는 경우는 극히 드물고, 주로 12세와 15세 관람가 영화의 사용 문제가 발생하기 때문입니다.

이와 관련해 1987년 미국 켄터키의 한 고등학교에서 청불영화를 상영한 교사가 해고되기도 했어요. 이 교사는 청불영화인 〈핑크 플로이드의 더 월 Pink Floyd: The Wall〉(1982)을 학생들과 함께 교실에서 감상했습니다. 법원에서 교사는 당시 상황을 상세히 설명했지만, 많은 부분이 이해되지 않는 상황이었죠. 당시 교사는 학기말 점수를 정리하느라 바빴고, 몇몇 학생들이 〈핑크 플로이드의 더 월〉을 가져와 교사의 동의를 얻어 교실에서 상영하게 되었습니다. 교사는 R등급 영화(청불영화)인 것을 인지하고 일부 장면의 시청을 불허했지만, 학생들은 나체와 폭력이 담긴 장면을 보게 되었습니다. 이후 학부모들에 의해 교사는 고소를 당했고, 법원은 교사를 해고하라고 주문했습니다. 교사가 적절한 교육적인 절차를 무시하고 비교육적인 장면이 있는 영화를 청소년들에게 허락한 것은 명백히 잘못된 행동이라고 지적했습니다(Fossey, 2005).

또한 2000년 미국 캘리포니아에서도 영어 교사가 교실에서 청불영화를 상영했다는 이유로 체포되었습니다. 고등학교 1학년 교사인 론-피터슨(Rawn-Peterson)은 〈아메리칸 뷰티 American Beauty〉(1999)를 상영했지만, 학교 관계자나 학부모의 동의를 받지 않았습니다(LA Times). 심지어 1995년 캘리포니아에서는 12세 등급인 〈죽은 시인의 사회〉를 초등학생에게 보여준 교사가 해고되기도 했습니다. 이유는 매우 단순했죠. 학부모의 동의 없이 12세 영화를 교실에서 상영했기 때문입니다(New York Times).

이처럼 미국에서 이미 오래전부터 문제시 되었던 등급/연령 불일치 영화에 대한 논란은 최근 국내에서도 유사한 형태로 재현되고 있습니다. 이러한 문제는 앞으로도 계속 나올 수 있으며, 따라서 이에 대한 근본적인 가이드라인이 필요한 시점입니다.

구체적으로 부산 해운대 지역교육지원청에 따르면, 2017년 5월 한 초등학교 교사가 스승의 날을 전후해 3학년 수업 중에 〈스승의 은혜〉(2006)를 교실에서 상영했습니다. 하지만 이 영화는 제목의 의미와는 전혀 다르게 공포영화였죠. 즉, 초등학교 교사가 교실에서 잔인한 폭력 장면이 담긴 공포영화를 상영한 것입니다. 더욱 심각한 것은 이 영화가 청불영화라는 점이었죠. 이후 영화를 본 아이들이 집에 와서 "선생님이 보여준 영화가 무섭다"라며 두려워하자 학부모들이 학교 측에 항의하는 과정에서 사건 내용이 보도되었습니다. 당시 학생들은 영화를 보는 중에 충격을 받아 심한 공포감을 느꼈던 것으로 알려졌습니다. 학부모들의 항의를 받은 학교 측의 조사에서 해당 교사는 "제목을 봐서는 영화의 내용이 공포영화인지 몰랐다"라고 해명했습니다.

이 교사는 사건 이후 건강상의 문제 등으로 병가를 냈고, 여름방학을 거치면서 한동안 학교에 나타나지 않았습니다. 2학기 되어 학부모들은 이 교사의 수업을 거부하며 교육청에 징계를 요구하기도 했습니다(연합뉴스). 여기서 해당 교사가 간과한 것은 교육을 위해 이 영화를 사전에 감상하지 않은 점입니다. 수업을 준비하면서 적어도 한 번 이상 영화를 감상하는 과정을 생략한 것이죠. 다시 말해서, 수업을 위해 학습 내용도 확인하지 않게 된 것입니다.

그리고 2019년 광주에서 일어난 사건으로 한 중학교 교사는 단편영화를 도덕 수업에 활용했습니다. 이 교사는 양성평등을 다루는 교과 시간에 특정 영화를 학생들에게 보여줬다는 이유 등으로 광주시교육청으로부터 수업 배제 및 직위 해제 처분을 받았습니다. 즉, 수업시간에 상영한 영화의 장면이 외설적(여성의 상의 탈의)이고 폭력적(강간)이라는 이유에서죠. 이 수업시간에 상영된 영화는 유튜브에서 쉽게 찾아볼 수 있는 〈억압받는 다수 Oppressed Majority〉(2010)였어요. 이 프랑스 영화는 남녀의 성 역할이 뒤바뀐 가상의 현실을 보여주고 있습니다. 페미니즘 운동에서 적극적으로 사용해온 '미러링(mirroring)', 즉 남녀 간 뒤 바뀐 성 역할을 비판적으로 표현한 작품입니다.

해당 교사는 교육부 교원소청심사위원회에 직위해제 처분 취소청구를 했으나 교육부는 지난 2019년 11월 청구를 기각하기도 했죠. 이렇게 영화를 교실에서 상영했다는 이유로 교사가 직위 해제된 첫 사건입니다. 이후 광주시교육청에 의해 성범죄로 수사 의뢰된 해당 교사는 광주지검에 의해 2020년 무혐의 불기소 처분을 받았습니다. 이렇게 사건은 일단락되었습니다. 따라서 교육과정에 의해 진행된 수업을 성범죄로 규정하고 수사를 의뢰했던 광주시교육청의 행위가 적절한 것이었는가에 대한 고민이 필요합니다. 사실 이 사건은 성범죄하고 관련이 없습니다. 오히려 교실 영화 상영에서 등급/연령의 불일치에 대한 논의가 있어야 할 사건이죠. 이를 계기로 교사가 교육과정에 따라 진행된 수업에서 적절한 영화 텍스트를 사용하는 지침이나 규정을 마련하는 것이 더 바람직한 방침이 아니었나 하는 아쉬움이 남게 됩니다.

사실 국내에서 본격적인 영화등급제가 시작한 것은 1970년대부터라고 할 수 있습니다. 이에 앞서 1962년 제정된 영화법에 따라 공보부 장관의 허가를 받아 상영해야 한다는 조항이 들어가면서 검열이라는 정치적인 측면에서 접근하기 시작했습니다. 이 당시에는 구체적인 연령에 따른 등급은 언급하지 않았어요. 이처럼 한국의 등급분류는 1960년대 검열로 시작해서 현재는 연령별 등급분류로 진화했습니다. 그 이후로 극장에서 등급제에 따른 영화 상영이 법적 사항으로 잘 지켜지고 있습니다.

한편, 학생의 연령보다 높은 등급의 영화를 교실에서 보여준다면 과연 학부모는 어떻게 반응할 수 있을까요. 예를 들어, 초등학교 4학년(만 9~10세)인데 교사가 12세 영화인 〈연평해전〉(2015)을 교실에서 상영한다고 생각해 보세요. 제시한 연령 기준보다 3~4세가 낮은 경우라고 할 수 있죠. 전쟁영화이기 때문에 적정 등급의 영화보다 더 많은 폭력적인 장면에 노출될 수 있습니다. 좀 더 나아가 등급이 15세인 〈명량〉(2014)의 경우를 생각해 보죠. 앞서 언급한 대로 초등학교 4학년 학생들에게 수업적인 측면이나 다른 목적을 가지고 이 영화를 교실에서 상영할 수 있을까요. 또는 중학교 1학년 역사 시간에 〈명량〉을 사용할 수 있을까 묻지 않을 수 없습니다. 가능할까요? 한번 생각해 보시기 바랍니다.

따라서 학교 현장에서 청불영화와 등급/연령 불일치 영화의 무분별한 상영과 소개를 줄이고, 규정된 환경에서 교육영화로 이들 영화의 가능성에 대해서 살펴보고자 합니다. 이 장에서 지향하는 바는 청불영화와 등급/연령 불일치 영화의 교육적 활용을 제한하기보다는 불가피하게 사용된 이들 영화의 교육적 활용에 있어서 가이드라인을 마련하는 데 있습니다.

즉 학생의 연령과 영화등급이 불일치할 경우 어떻게 수업을 진행할 것인가에 대한 논의라고 할 수 있습니다.

1. 영화등급과 청소년 교육

지금까지 연구된 논문의 공통된 특징은 청불영화에 대한 수용자적 접근을 통해서 연구가 이루어져 왔다는 점입니다. 즉, 학생이나 청소년의 청불영화 접근과 소비에 대한 설문을 통해서 영화 관람에 대한 실태 분석이 주를 이뤄왔습니다.

구체적으로, 양정순(2001)의 「청소년관람불가 영화에 관한 사회적 논의와 청소년의 수용 태도」는 청불영화에 대한 영화 수용 실태를 체계적으로 살펴보고 있으며, 이에 대한 대안으로 미디어교육적 방안을 제시하고 있습니다. 한편 양정순은 청불영화를 단순히 유해 매체로만 바라볼 것이 아니라 능동적인 청소년이라는 관점에서 교육적인 방향을 모색하고 하고 있습니다. 유태웅(2001)의 「청소년의 영화 관람 실태에 관한 연구: 서울 강남, 강북 소재 고등학생을 중심으로」는 청소년의 영화 관람 실태를 통계학적인 접근을 통해서 분석하고 있습니다. 특히 청소년의 청불영화 관람의 시기, 장소 등을 구체적인 설문을 통해 밝히고 있습니다. 이런 통계 수치를 통해 청소년의 청불영화 소비 형태를 지적하고 있습니다.

성정헌(2006)의 「영화 등급제와 청소년 보호 및 교육 문제에 관한 고찰」은 청소년의 자기 결정을 할 권리에 따른 청소년의 보호와 교육과 표현의 자유 보장과 규제 사이에는, 청소년의 기본권과 체제의 안정적인 발전과 자유로운 사상 전달이라는 영역이 충돌하고 있다고 전제합니다. 그에 따르면, 표현의 자유 보장과 청소년의 보호와 교육이라는 영상물 내용 심의를 둘러싼 두 가지 축에 대한 고찰이라고 할 수 있죠. 이 논문은 영화 등급제를 통한 영상물 심의의 성격을 분명히 하고 있습니다. 청소년 보호를 위한 법과 제도가 표현의 자유라는 인간의 기본 권리와 어떻게 조화를 이룰 수 있는지를 제시하고 있습니다. 표현의 자유 보장과 정치적 표현, 청소년 보호가 어떻게 조화를 이룰 수 있는지, 청소년 보호와 관련하여 성적 표현이나 폭력 행위 등에 대한 표현을 규제 대상으로 삼는 것에 대한 합리적 검토와 국가의 정책적 지도가 어떤 상관관계에 있는지 도출하고 있습니다. 그리고 현승훈(2015)의 「영상물 관람 등급분류에 따른 수용자 인식유형에 관한 연구: 청소년 관람규제 등급의 영상물을 중심으로」는 영화 등급에 따른 관객의 영화 선택을 중심으로 관객성 연구를 진행한 논문입니다. 이 논문에 따르면, 관객은 청불영화 이상의 등급을 받은 영화의 선정성과 폭력성이 높은 영화로 인식하고 이러한 등급을 통해 영화 선택 및 관람이 이루어진다는 결론을 도출하고 있습니다.

한편 영국의 영화교육자인 리처드 마틴(Richard Martine)은 청불영화에 대한 교육적 가치는 인정하지만, 교실에서 영화교육을 진행할 경우 반드시 여러 가지 행정적인 절차가 필요하다고 주장하고 있습니다. 이러한 형식적인 틀을 설정하지 않고 학생들에게 자신의 연령보다 높은 등급의 영화를 보는 것은 매우 위험한 행위라고 밝히고 있습니다(BFI, 2015).

앞서 언급한 대로, 청불영화와 등급/연령 불일치 영화에 대한 교육적 접근에 관한 연구는 많지 않습니다. 이처럼 여러 연구가 청불영화의 수용 실태에 대한 접근을 기반으로 관람 현상을 분석하고 있습니다. 심지어 등급/연령 불일치 영화에 관한 내용은 이들 논문에서는 관심 영역이 아닙니다. 따라서 이 장에서는 청불영화와 등급/연령 불일치 영화의 교육영화 텍스트로서의 접근을 중심으로 진행할 것입니다.

2. 청불영화와 등급/연령 불일치 영화

1) 교실 속 청불영화

「청소년 보호법」 제1장 총칙 제1조(목적)는 "청소년에게 유해한 매체물과 약물 등이 청소년에게 유통되는 것과 청소년이 유해한 업소에 출입하는 것 등을 규제하고 청소년을 유해한 환경으로부터 보호·구제함으로써 청소년이 건전한 인격체로 성장할 수 있도록 함을 목적으로 한다"라고 밝히고 있습니다(청소년보호법). 「청소년 보호법」에서는 청소년을 만 19세 미만인 사람으로 정의하고 있고(청소년보호법), 「영화 및

청소년과 매체물에 대한 법률적 정의(청소년 보호법)

제2조(정의) 이 법에서 사용하는 용어의 뜻은 다음과 같다.
1. "청소년"이란 만 19세 미만인 사람을 말한다. 다만, 만 19세
가 되는 해의 1월 1일을 맞이한 사람은 제외한다.
2. "매체물"이란 다음 각 목의 어느 하나에 해당하는 것을 말한
다.
가. 「영화 및 비디오물의 진흥에 관한 법률」에 따른 영화 및
비디오물
나. 「게임산업진흥에 관한 법률」에 따른 게임물

비디오물의 진흥에 관한 법률」에서는 만 18세 미만인 자를
지칭하죠(영화 및 비디오물의 진흥에 관한 법률). 비록 두 법
령에서 의미하는 청소년의 개념은 약간의 차이가 있지만, 「영
화 및 비디오물의 진흥에 관한 법률」에서는 고등학교 재학생
일 때 만 18세 이상이라도 청불영화의 관람이 원칙적으로 배
제됩니다. 따라서 이것은 고등학교 3학년까지 포함하기 위한
것으로 실제적인 범위의 연령 차이는 없다고 할 수 있죠.

앞서 언급한 법률에 따라 영화교육에서든 교육영화에서든
교육과 관련된 부분이라면 등급을 벗어난 영화를 학생들에게
상영한다는 것은 엄연히 불법입니다. 예를 들어, 성인용 소설
을 국어 시간에 특정 부분을 발췌해서 수업한다고 생각해 보
자고요. 이러한 예들은 학생들이 직접 성인용 콘텐츠를 소비
하는 것은 아니나 노출 자체를 금기시하고 있기 때문이죠. 이

러한 의미에서 청불영화를 편집해서 수업시간에 활용하는 것도 원천적으로 불가능해요. 비록 선정적이거나 폭력적인 장면이 없어도 교실에서 청불영화를 소개하는 것도 문제가 되기 때문이죠. 이 문제를 해결하는 방법은 추후 자세히 다룰 예정입니다.

이처럼 청소년과 매체물에 대한 법률적 정의를 통해서 영화가 청소년에게 영향을 줄 수 있는 매체물로 인식됨을 알 수 있습니다. 부정적인 측면에서 청불영화는 청소년에게 유해매체로 지정될 수 있어요. 다시 말해서, 청소년유해매체물은 "영화, 비디오, 게임, 음악, 공연, 인터넷, 간행물, 광고물 등의 매체물 중에서 청소년에게 유해한 선정적이고 폭력적인 내용을 담고 있어서 청소년을 대상으로 한 유통이 부적절한 매체물"을 의미하기 때문입니다.* 아래 표는 청소년유해매체물 심의기관을 보여주는 것으로 영화의 경우도 청불영화가 지정되어 있습니다.

영상물등급위원회는 사전등급분류에 따라 청불영화나 제한상영등급의 영화는 청소년유해매체물로 결정해야 합니다. 이것은 영상물등급위원회가 법령에 따라 매체물의 윤리성, 건전성을 심의할 수 있는 기관이기 때문이죠. 「영화 및 비디오물의 진흥에 관한 법률」 규정에 따른 영화의 상영등급은 영

---

* 청소년유해매체물은 「청소년 보호법」 제7조 및 제9조 규정에 의하여 청소년보호위원회 또는 각 심의기관이 청소년에게 유해한 것으로 결정 또는 확인하여 여성가족부장관이 이를 고시한 매체물을 말합니다.

청소년유해매체물 심의기관 현황(생활법령정보)

구분	담당매체	심의형태	심의내용	조치사항
청소년 보호위원회	모든 매체물 (음반·음악파 일 포함)	사후심의	청소년 유해성	청소년 유해매체물
영상물 등급위원회	영화·비디오· 영상물(음악영 상물·음악영상 파일 포함)	사전 등급분류	청소년유해성 제한상영제	18세 청소년관람불가 제한상영등급분류
			연소자유해성	18세 청소년관람불가 연령 등 등급분류
방송통신 심의위원회	정보통신물	사후심의	청소년유해성	청소년유해매체물
			불온성	거부, 정지, 제한명령
	방송프로그램	사후심의	청소년유해성	청소년유해매체물
			공공성, 공정성	사과명령, 프로그램 정정·중지 등
간행물 윤리위원회	간행물	사후심의	청소년유해성	청소년유해매체물
			유해성	수거 폐기명령
게임물 관리위원회	게임물	사전 등급분류	청소년유해성	청소년이용불가 등급분류

화의 내용 및 영상 등의 표현 정도에 따라 분류합니다. 영화 상영 전후에 상영하는 광고영화도 상영등급을 분류받을 수 있고, 예고편 영화는 상영등급을 분류하고 청불영화 예고편은 청불영화의 상영 전후에만 상영할 수 있도록 규정하고 있습니다(영화 및 비디오물의 진흥에 관한 법률).

현행 영상물등급위원회의 등급분류제도에 따라 총 5개의 등급으로 나뉩니다. 연령 등급은 전체관람가, 12세이상관람가, 15세이상관람가, 청소년관람불가(청불영화), 제한상영가로 구분되어 있어요. 12세이상관람가는 15세이상관람가의 경우 해당 연령이 아니어도 부모나 교사 등 보호자와 함께라면 관람할 수 있어요. 앞서 살펴본 대로, 청불영화는 아직 청소년보호법에서 청소년유해매체물로 고시하고 있으며, 이에 따라 청소년에게 시청 접근을 금지하고 있습니다. 아래 표는 한국에서의 영화 등급분류의 체계를 보여줍니다.

여기서 주목해야 할 점은 연령에 따른 등급 지침은 제시되었지만, 예외적인 상황도 함께 명시하고 있습니다. 당해 영화를 관람할 수 있는 연령에 도달하지 아니한 자가 부모 등 보호자를 동반하여 관람하는 경우 관람이 가능함이라고 부언합니다(영상물등급위원회).

청불영화는 현재까지 명칭이 수차례 변화를 거쳐 왔습니

상영등급분류(영화 및 비디오물의 진흥에 관한 법률)

1. 전체관람가 : 모든 연령에 해당하는 자가 관람할 수 있는 영화
2. 12세이상관람가 : 12세 이상의 자가 관람할 수 있는 영화
3. 15세이상관람가 : 15세 이상의 자가 관람할 수 있는 영화
4. 청소년관람불가 : 청소년은 관람할 수 없는 영화
5. 제한상영가 : 선정성·폭력성·사회적 행위 등의 표현이 과도하여 인간의 보편적 존엄, 사회적 가치, 선량한 풍속 또는 국민 정서를 현저하게 해할 우려가 있어 상영 및 광고·선전에 일정한 제한이 필요한 영화

연도별 등급분류 현황(2019~2021년, 영상물등급위원회)

연도	분류	등급						속행	자료제출	기타	계
		전체관람가	12세이상관람가	15세이상관람가	청소년관람불가	제한상영가	소계				
2019	국내	112	152	128	582	2	976	0	3	0	979
	국외	216	247	456	812	7	1,738	5	0	0	1,743
2020	국내	112	159	139	890	5	1,305	1	11	0	1,317
	국외	157	193	356	1,106	1	1,813	1	10	0	1,824
2021	국내	29	47	40	238	0	354	0	2	0	356
	국외	28	49	85	403	0	565	0	1	0	566

다. 1970년대는 연소자관람불가, 1980년대는 미성년자관람
불가, 1990년대는 18세관람가로 사용되었어요. 2006년 「영
화 및 비디오물의 진흥에 관한 법률」 제정으로 18세관람가에
서 청불영화로 명칭이 변경되었습니다.

　2019년의 경우 한국영화 976편 중 청불영화가 582편으로
60%를 점유하고 있으며, 국외 영화 1738편에서 812편으로
47%를 차지하고 있습니다. 이러한 경향은 2020년과 2021년
에서 크게 변하지 않고 그대로 유지되고요. 앞으로도 크게 변
화하지 않을 것입니다. 이러한 현상을 보면, 분명 일선 학교
에서 영화를 교실에서 사용하기에는 교육적 텍스트가 매우
부족할 수 있습니다. 다양한 영화를 통해서 교실 수업의 질

제고를 높일 기회가 그만큼 줄게 된 것입니다. 여기서 발생하는 문제가 바로 등급/연령 불일치가 발생할 수 있는 여지가 생기게 되죠. 교사는 더 좋은 교육영화를 통해서 더 좋은 수업을 기획하고 싶은 동기가 발휘될 수 있기 때문입니다.

이에 따라 일부 고등학교 교과서에서 교육내용으로 청불영화를 언급하고 있습니다. 구체적으로 〈쌍화점〉(2008), 〈박하사탕〉(1999), 〈올드보이〉 등의 청불영화가 여러 교과서에서 등급에 대한 고려 없이 영화의 작품성만 부각하고 있습니다. 2015 개정교육과정에 따라 개발된 교과서는 비교적 청불영화를 영화적 텍스트로 사용하지 않습니다. 하지만 이전 교육과정을 적용하고 있는 교과서도 현재 사용되고 있는데, 이들 교과서에는 청불영화 텍스트를 어렵지 않게 찾을 수 있죠. 이처럼 교육적 목적으로 제작된 인정교과서에서 청불영화가 학습 내용으로 구성되어 구체적으로 언급되기도 합니다. 실제 교과서에 실린 〈올드보이〉와 〈쌍화점〉의 스틸이미지와 영화 포스터는 아래와 같습니다.

영화를 교실 수업에서 사용하기 위해서는 먼저 등급에 관한 확인이 필요하지요. 이를 위해 영화등급위원회에서 제공하는 영화 정보는 관람등급을 중심으로 영화에 대한 기본적인 사항을 게시하고 있습니다. 구체적으로, 〈올드보이〉를 검색한 경우 "20년간 이유도 모른 채 감금되어 풀려난 남자가 진실을 좇아가는 과정에서 비극적 진실에 직면하게 된다는 내용의 영화"라고 영화의 줄거리를 한 문장으로 짧게 제공합

일부 고등학교 영화 교과서에서 사용된 청불영화 〈올드보이〉와 〈쌍화점〉

니다(영상물등급위원회). 특히 '내용정보서비스' 부분에는 해당 작품의 등급 내용을 설명하고 있는데, 〈올드보이〉의 경우 "영상의 표현에 있어 폭력적인 부분은 자극적이며 거칠게 지속적으로 표현되어 있고, 그 외 선정성, 공포, 대사, 모방위험 및 주제 부분에 있어서도 청소년에게 유해한 내용을 포함하고 있어 청소년이 관람하지 못하도록 각별한 주의가 필요한 청소년관람불가 영화"라고 기술되어 있습니다(영상물등급위원회). 이 정도의 정보도 교사와 학부모에게 있어서 영화를 선택하는 데 많은 도움이 될 것입니다.

한편, 미국의 IMDB(Internet Movie Database)의 경우 교사나 학부모에게 다음과 같이 상영 정보를 제공합니다. IMDB에서 〈올드보이〉에 대한 학부모 가이드를 살펴보면, 선정성, 폭력성, 비속어, 음주/약물/흡연, 놀랄만한 장면 등으로 구분하지요. 이러한 정보는 성인이 청불영화를 관람할 때 느끼지

[국외영화] 올드보이

관람등급 : 청소년관람불가

- 상영시간　　103분 37초
- 등급분류일자　2013-12-16
- 신청사　　(주)나이너스엔터테인먼트
- 감독　　스파이크 리 (미국)
- 제작국　　미국

- 등급분류번호　2013-MF00960
- 제작년도　　2013
- 신청사대표　　이석준
- 주연　　조슈 브롤린 (미국)
- 제작사(제작자)　굿유니버스

20년간 이유도 모른채 감금되어 풀려난 남자가 진술을 쫓아가는 과정에서 비극적 진실에 직면하게 된다는 내용의 영화.

내용정보서비스

영상의 표현에 있어 폭력적인 부분은 자극적이며 거칠게 지속적으로 표현되어 있고, 그 외 선정성, 공포, 대사, 모방위험 및 주제 부분에 있어서도 청소년에게 유해한 내용을 포함하고 있어 청소년이 관람하지 못하도록 각별한 주의가 필요한 청소년관람불가영화

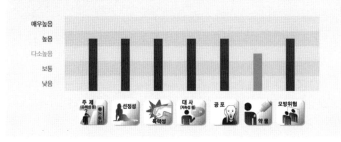

〈올드 보이〉 등급분류 검색(영상물등급위원회)

못한 비교육적인 내용을 확인할 수 있도록 돕습니다.

〈학부모 가이드(IMDB)〉

<u>섹스 및 누드(Sex & Nudity)</u>
- 한 남자가 일본 포르노를 봅니다. 약 5초입니다.
- 한 남자가 한 장면에서 여자를 성폭행하려고 합니다. 그는 그녀의 의지에 반하여 격렬하게 키스하고 더듬으려 하는 것이 눈에 띄게 보입니다. 그러나 그녀는 그의 머리를 때리고 그는 떠납니다.

- 샤워를 한 후 남자의 맨 엉덩이가 잠깐 보입니다.
- 남자와 여자가 30초 동안 섹스를 합니다. 그녀의 가슴과 엉덩이의 짧은 샷이 있습니다. 대부분은 어깨를 위로 올리는 데 초점을 맞추거나 먼 거리에서 보입니다.
- 옷을 입지 않은 여성의 가슴이 한 장면에서 잠깐 보입니다(대부분 그녀는 먼 배경에 있습니다). 그녀는 여전히 대부분 옷을 입고 있습니다.
- 여성의 배를 몇 초 동안 보여주며 무언가가 쓰여 있습니다. 샤워실에서 남자의 엉덩이가 잠깐 보입니다.
- 한 남자가 TV 속의 여자를 보면서 잠깐 자위합니다. 가슴만 표시됩니다.
- 한 남자가 다른 남자를 속여서 그와 섹스를 하는 젊은 여자의 비디오테이프를 재생합니다. 아무것도 보이지 않지만 우리는 그들의 성적인 말과 성적인 신음을 쉽게 듣습니다.

폭력 및 유혈(Violence & Gore)

- 양식화되었지만 생생한 폭력. 너무 폭력적이지는 않지만 어떤 시점에서는 여전히 매우 폭력적입니다.
- 18세 이상 시청가.
- 한 남자가 몇 장면에서 손목을 자르고 자살을 시도합니다. 땅에 많은 피가 보입니다.

욕설(Profanity)

- 칠판에 'fuckhead'라는 단어가 한 번 적혀 있습니다.
- (참고: 한국어, 영어 자막 포함)
- "God"의 3번 사용과 "Lord"의 1번 사용. "hell" 7번 사용됩니다.
- 'fuck' 8번, 'bastard' 7번, 'asshole' 6번, 'son of a bitch' 5번,

'dickshit' 3번, 'dick' 1번, 'cocksucker' 1번, 'shit' 1번 사용됩니다.

알코올, 마약 및 흡연(Alcohol, Drugs & Smoking)
- 일부 흡연하는 청소년을 보여줍니다.
- 오프닝 장면은 음주로 경찰에 구금된 주인공을 보여줍니다. 이 외에는 약물 사용이 거의 또는 전혀 없습니다.

영상물등급위원회에서 제공하는 정보와 비교했을 경우보다 정보의 양과 세밀함에 있어서 많은 차이를 보입니다. 구체적으로 장면을 묘사하거나, 욕설의 실제 예와 반복 횟수를 매우 구체적으로 기술하고 있습니다. 물론 이처럼 세밀한 정보의 제공은 영화를 시청하지 못한 학부모나 교사에게 많은 도움이 되겠지만, 자녀나 학생들과 함께 시청하기 위해서는 적어도 여러 차례 사전 시청을 통해서 영화 텍스트에 대한 구체적인 장면이나 상황은 충분히 인식하게 됩니다. 이처럼 구체성 여부도 중요하지만, 실제로 학부모나 교사가 청불영화에 관한 인식을 통해 그 교육적 내용이나 효과에 대해 진단하는 것이 바람직하죠.

2) 등급/연령 불일치 영화
교육영화는 교육에 이용할 것을 목적으로 제작된 교재영화를 넘어서 교육적 활용이 가능한 15세 등급 이하의 모든 영화를 의미합니다.* 여기서 주목할 부분은 교육적 활용이 가능한 모든 상업영화 또는 비상업영화를 포함한다는 것이죠. 그리고 비록 영화라는 포맷은 아니지만, TV 프로그램, 인터넷 영상, 애니메이션 등 움직이는 이미지를 나타내는 대부분의 형태도 교육영화에 포함됩니다. 이것은 영화교육이 영화만을 대상으로 하지 않으며, 앞서 언급한 다양한 포맷의 영상을 종합적으로 다루기 때문입니다. 앞서 교육영화에 대한 정의에서도 알 수 있듯이 관람 등급에 대한 부분도 주의 깊게 살펴봐야 합니다. 예를 들어, 〈디태치먼트 Detachment〉(2011)에는 교사, 학교, 학생들이 주요하게 다뤄지고 있지만, 관람 등급이 청불영화죠. 따라서 국내 관람 등급에 따라 전체관람가, 12세이상관람가, 15세이상관람가에 해당되는 영화만이 아동·청소년을 위한 교육영화가 될 수 있습니다. 따라서 교육영화는 어떤 경우라도 등급을 반영해야 하기 때문이죠. 얼핏 보면, 교육영화라는 개념과 청불영화의 개념이 일부 상충할 수 있습니다. 다시 말해서, 청불영화면 결코 교육영화가 될 수 없을 듯합니다. 하지만 이는 이분법적인 정의에 불과하고, 교육영화로 사용되는 청불영화는 충분히 존재합니다. 하지만 사용하는 교사의 의식과 준비가 반드시 필요합니다. 따라서 모든 영화는 교육영화가 될 수 있습니다. 하지만 전제 조건이 붙게 마련이죠. '교육대상에 따라 모든 영화는 교육영화다'라

---

* 성인을 위한 교육영화는 등급 제한이 없으며, 교육적 목적으로 활용될 수 있는 영화 대부분을 포함합니다. 교재영화는 특별히 교육을 목적으로 만든 영화를 의미합니다. 예를 들어, 고교학점제에 대한 이해를 목적으로 제작된 영화는 교재영화가 될 수 있습니다.

고 할 수 있습니다. 여기서 교육대상은 연령에 따른 대상입니다(이아람찬, 2015).

앞서 언급했지만, 영화계에서 교육영화라는 개념을 좀처럼 사용하지 않습니다. 그 이유는 영화학에서는 모든 영화가 교육적 가치가 있는 텍스트로 사용되기 때문이죠. 국내에서 영화교육은 일반적으로 대학교육 이상에서 전문인을 양성으로 하는 부분이 가장 큰 교육적 영역이라고 할 수 있습니다. 이러한 대학교육은 성인을 대상으로 하므로 굳이 등급에 대해 논의를 할 필요가 없게 되죠.

영화의 교육적 관점에서 청불영화나 등급/연령 불일치 영화를 살펴보면, 충분히 교육적 활용이 가능합니다. 그렇다고 해서 이들 영화의 무분별한 사용을 지원하려는 의도에서 본 연구가 시작된 것은 결코 아닙니다. 앞서 언급한 대로, 이들 영화를 교실 안에서 사용하는 데 있어서 일정한 과정과 준비가 필요하다는 점을 강조하고 싶습니다. 기존에 있는 교수-학습지도안의 작성만으로는 청불영화의 교육적 활용 문제를 적절하게 해결할 수 없기 때문입니다.

영국과 미국 등 해외 사례에서도 알 수 있듯이, 청불영화에 대한 다양한 정보를 학부모에게 제공하고 이에 대해 학생과 학부모가 선택할 기회를 주어야 할 것입니다. 영국 영상물등급위원회(BBFC)는 15세 등급인 〈쉰들러 리스트 Schindler's List〉를 14세 학생들에게 보여줄 수 있다고 가이드라인을 제시하기도 했어요. 영화를 이해하는데 있어서 한 살은 크게 차이가 나지 않는다고 생각한 것인데, 여기에서도 일정한 과정이 필요합니다. 이것은 교사와 학부모의 등급과 연령의 불일치에 대한 인식을 드러내고 있습니다. 하지만 이러한 과정이 한국의 경우 많은 학교에서 고려되지 않고 있습니다.

사실 일선 학교에서 교사들이 등급/연령의 불일치, 심지어 청불영화에 대한 고민은 해묵은 과제임이 틀림없죠. 하지만 이에 대한 공개적인 논의나 대책이 마련되어 있지 않기 때문에 교육현장은 계속해서 혼란 속에 일부 청불영화가 교육영화로 교실 속에 자리 잡은 상황입니다. 이러한 상황에서 학생들은 청불영화에 노출되고 있으며, 이에 대한 고민도 그만큼 깊어지고 있습니다. 앞서 살펴본 대로, 심지어 해외에서는 청불영화를 상영한 교사가 해임되는 사례도 종종 나오고 있어요. 다음 내용은 국내 한 고등학생이 수업시간에 청불영화를 보고 느낀 내용을 인터뷰한 내용입니다.

학생 인터뷰(00예술고등학교)

고등학교 2학년 때였어요. 수업시간에 선생님께서 〈올드보이〉(2003)를 보여주셨어요. 영화를 보는 동안 폭력성과 선정성 때문에 영화를 본 후 충격이 제 머릿속을 떠나지 않았어요.

미국 캘리포니아에 사는 셔니 어니스트(Shawny Ernst)는 아들의 학교 수업에서 사용하는 영화에 불만이 많습니다. 그의 아들은 고등학교 1학년 때 학교 도서관에서 혼자 공부하면서 몇 시간을 보내야 했죠. 같은 시간 아들의 같은 반 친구들은 강간, 외설적 언어로 가득 찬 R등급 영화를 보며 교실에 앉아 있었고요. 〈메리에겐 뭔가 특별한 것이 있다 There's Something About Mary〉(1998), 〈아메리칸 뷰티〉, 〈브레이브하트 Braveheart〉(1995) 등의 영화가 이 지역학교에서 최근 상영되었습니다. 대부분 중·고등학교 역사나 영문학 수업에서 학생들이 본 영화입니다. 교사들은 영화가 수업을 극대화하는데 매우 중요한 부분이라고 주장하죠. 그러나 학부모인 어니스트는 R등급 영화가 부적절하고 커리큘럼과 거의 관련이 없다고 말하면서, 교실 시청을 중단 할 것을 학교에 요구하고 있기도 했습니다(SFGATE).

얼핏 보면, 교육영화라는 개념과 청불영화의 개념이 일부 상충할 수 있습니다. 다시 말해서, 청불영화는 결코 교육영화가 될 수 없을 듯하지요. 하지만 이는 이분법적인 정의에 불과하고, 교육영화로서 청불영화는 충분히 존재하고 가능합니다. 하지만 사용하는 교사의 인식과 준비가 필요하지요.

3) 등급/연령 불일치 영화 활용 방법

사실 청불영화나 등급/연령 불일치 영화의 학교 상영은 생각보다 어려운 문제가 아닐 수 있어요. 교사가 사전에 학부의 동의를 얻는 방법입니다. 하지만 실제 학교에서 이러한 복잡한 과정을 무릅쓰고 진행할 교사는 많지 않을 것입니다. 현재 초·중등학교에서 교실 밖 현장체험학습을 할 때, 사전에 반드

<u>상위 등급 영화 시청에 대한 상담(Netmums)</u> : "아이의 영화시청 허가를 거부했지만 제 아이가 혼자가 될까 봐 걱정돼요. 선생님은 12A 등급 영화인 〈줄무늬 파자마를 입은 소년〉(2008)을 보여주고 싶어 해요. 이에 관해 제가 가진 원칙 두 가지 있어요. 첫째, 아이들이 12살이 될 때까지 12A 등급의 영화를 보지 않는다는 것이에요. 둘째, 이 영화는 매우 불편한 내용을 담고 있어 제 아이에게 부정적인 영향을 줄 것으로 생각해요. 저는 이것에 대한 다른 분들의 견해를 알고 싶어요."

시 학부모의 동의를 요구합니다. 그리고 기타 학부모의 동의가 필요한 경우 수시로 가정통신문을 통해 동의를 받고 있어요. 영화 수업에서도 이러한 학부모의 동의 과정이 절대적으로 필요합니다. 하지만 국내 학교 대부분은 이에 대한 구체적인 지침이 마련되어 있지 않아요.

미국의 뉴멕시코 산타페, 아이다호 쾨르 달렌, 콜로라도 더글라스 카운티에 이르는 교육청은 영화교육 정책을 새롭게 검토하고 있으며, 일부 경우에는 R등급 영화 상영을 교실에서 모두 금지하고 있습니다. 미국 대부분의 교육청은 일반적으로 커리큘럼을 보완하는 방법을 결정할 때 교사의 판단에

〈명량〉 영화 상영 학부모 동의서

○ 교과: 역사
○ 담당: 역사교사 김 OO

학부모님께,

안녕하세요. 수업 중 영화 상영에 관련해서 학부모님들의 동의를 구하기 위한 가정통신문입니다. 조선시대 정유재란에 대한 학습 목적으로 〈명량〉(2014)을 학생들에게 보여줄 예정입니다. 〈명량〉은 1597년 9월 조선 수군이 명량에서 일본 수군과의 전투를 그린 영화입니다. 이 영화는 한국영화사에서 가장 흥행한 영화로 인정받고 있지만, 전쟁의 폭력성 때문에 15세이상관람가 등급입니다. 이 영화의 등급 요소는 아래와 같으며, 링크를 방문하시면 보다 자세한 내용을 확인하실 수 있습니다.

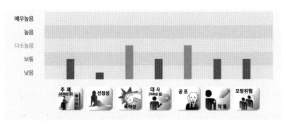

* https://www.kmrb.or.kr

이 영화를 감상한 후 영화에 관해 토론과 과제가 있을 예정입니다. 2021년 5월 23일까지 본 동의서를 보내주시기 바랍니다. 본 동의서를 보내주시지 않으면 수업 중 해당 학생에게 영화 제공을 불허한다는 의미로 이해할 것입니다. 동의서에 반대하시거나 회수가 안 될 경우 해당 학생은 다른 교실에서 과제를 통한 수업이 진행됩니다. 아래 내용에 동의 또는 반대 표시를 해주시기를 바랍니다.

〈명량〉 영화 상영	동의	반대

○ 학생 성명:

○ 학부모 성명:

더 자세한 문의는 담당교사 이메일(Korean*****@dje.go.kr)과

전화(042-673-****)로 가능합니다. 감사합니다.

OO 중학교

* 영화 상영 학부모 동의서 샘플 : 미국과 영국의 일선 학교에서 일반적으로 사용하는 양식(permission slip)은 간략하게 영화에 대한 설명, 등급, 교과 내용과의 연계성을 중심으로 기술되어 있습니다. 이 부분을 반영하고 세부적인 영화 정보까지 담아 우리 학교에 적용할 수 있도록 수정한 양식입니다.

크게 의존하고 있지요. 따라서 교사는 어떤 영화를 상영할 것인지, 부모에게 알릴 것인지, 교장에게 알릴 것인지 결정합니다. 대부분은 부모가 자녀를 시청에서 제외하도록 특별히 요청하지 않는 한 중학생과 고등학생에게 PG-13 및 R등급 영화가 상영될 수 있습니다(SFGATE).

위 표에서 수업을 진행하는 교사는 왜 15세이상관람가 등급인 〈명량〉을 교실에서 사용해야 하는지 구체적으로 설명하고 있으며, 이에 대해 학부모의 동의를 구하고 있는 내용입니다. 이러한 과정을 준비하기 위해서 적어도 30일 전부터 준비해야 할 것입니다. 먼저 학교 관리자에게 보고하고, 관리자의 결재가 이루어지면 바로 가정통신문을 통해 학부모에게 전달하죠. 담당교사는 수거된 결과지를 통해 수업에 참여할 학생

과 그렇지 못할 학생을 구분하고 적절한 수업환경을 제공해야 합니다. 비록 준비하는 과정이 불편하고 시간과 노력이 많이 요구되지만, 학생들에게 적절한 선택권을 주려는 방법이라고 할 수 있죠. 교사 또한 수업 후 학생이나 학부모의 항의나 불만을 사전에 불식시킬 수 있는 과정으로 인식해야 할 것입니다.

이러한 문제점을 해결하기 위해서 교육부나 교육청의 역할이 크다고 할 수 있어요. 교육부나 교육청 단위에서 일선 학교에 지침을 전달할 수 있는데 학교에서 영화 상영에 관한 세부 지침을 제시하고 이를 토대로 단위학교별 자체 규정을 준비해야 합니다. 하지만 앞서 언급한 일련의 사건이 발생해도 이에 대한 추가적인 논의나 보완하려는 움직임은 전혀 나타나지 않고 있어요. 교육부나 지역 교육청이 교실에서 영화 상영에 대한 가이드라인을 제시하지 않는 한 등급/연령 불일치나 청불영화의 상영은 계속될 것입니다.

지금까지 다룬 관점에서 청불영화를 살펴보면, 충분히 교육적 활용이 가능하다고 말할 수 있습니다. 그렇다고 해서 청불영화의 무분별한 사용을 지원하려는 의도에서 시작된 것은 결코 아닙니다. 앞서 언급한 대로, 청불영화를 교실 안에서 사용하는 데 있어서 일정한 과정과 준비가 필요할 것이죠. 기존에 있는 교수-학습지도안의 작성만으로는 청불영화의 교육적 활용 문제를 적절하게 해결할 수 없으며, 보완적으로 학부모동의와 학교장의 승인과정을 거쳐야지만 청불영화의 교육적 활용을 이해할 수 있을 것입니다. 따라서 학생과 학부모에게 사전에 정확한 정보를 제공하고 이들에게 선택할 수 있는 시간과 기회를 보장해야 할 것입니다.

이러한 준비과정이 하루아침에 안착할 것이라고는 생각하지 않습니다. 분명 학교 관리자의 승인 거부와 학부모의 무응답이나 반대의견이 많을 수도 있습니다. 사실 학부모로부터 50% 이상의 응답을 받아내기도 어려울 수 있을 것입니다. 그렇게 되면 50% 이상의 학생이 정상적인 수업 과정을 참여할 수 없으며, 도서관이나 교실 내에서 다른 대안적인 자율수업을 진행해야만 합니다. 하지만 이러한 과정에 익숙해지면 학교 관리자, 교사, 그리고 학부모의 인식도 점차 변화될 것입니다. 이 과정이 복잡하고 교육적 효율성 면에서 턱없이 부족하더라도 청불영화와 등급/연령 불일치 영화의 교육적 활용 면에서 꼭 필요한 과정으로 볼 수 있어요. 현재 개인정보동의서나 교외 체험학습시 학부모동의가 절대적으로 필요한 것처럼 교실에서 특정 영화 상영에 관한 내용도 학부모의 동의가 필요할 것입니다. 비록 이러한 과정이 불편하지만, 이것을 생략한다면 앞서 제기된 상황이 계속해서 반복될 여지가 분명하죠. 해외 사례에서도 알 수 있듯이 청불영화와 등급/연령 불일치 영화에 대한 다양한 정보를 학부모에게 제공하고, 이에 대해 학부모가 선택할 기회를 주어야 할 것입니다.

일선 학교에서 교사들이 청불영화와 등급/연령 불일치 영화에 대한 고민은 해묵은 과제임이 틀림없습니다. 하지만 이에 대한 공개적인 논의나 대책이 마련되어 있지 않기 때문에 교육현장에서 계속해서 혼란 속에 청불영화가 교육영화로 교실 속에 자리를 잡게 되었습니다. 이러한 상황에서 학생들은 청불영화와 등급/연령 불일치 영화에 자연스럽게 노출되고 있으며, 이에 대한 갈등도 계속되고 있습니다.

따라서 교실에서 영화를 상영하기 위해서는 주의 깊게 생각해야 할 사항이 있습니다. 첫째, 해당 영화가 교육과정 또는 수업과 관련성 여부를 파악합니다. 둘째, 해당 영화의 등급과 연령의 일치 여부를 확인합니다. 셋째, 등급과 연령이 불일치할 경우 가정통신문을 통해서 학부모의 동의를 얻습니다. 넷째, 영화 사용에 대한 저작권 관련 사항을 점검합니다.

결론적으로, 청불영화와 등급/연령 불일치 영화에 관련된 논의는 앞으로 충분히 더 다루어져야 할 것입니다. 이 장에서 제시한 것은 무조건 이들 영화를 제한하는 것보다는 교육영화로 이들 영화에 대한 접근방법을 명확히 하려는 데 있습니다. 다시 말해서, 청불영화와 등급/연령 불일치 영화를 교실에서 사용하기 위해서는 반드시 앞서 제시한 과정에 따라 진행해야 할 것입니다.

■ 참고문헌

성정헌, 「영화 등급제와 청소년 보호 및 교육 문제에 관한 고찰」, 중부대 석사논문, 2006.

양정순, 「청소년관람불가영화에 관한 사회적 논의와 청소년의 수용 태도」, 서강대 석사논문, 2001.

유태웅, 「청소년의 영화관람 실태에 관한 연구: 서울 강남, 강북소재 고등학생을 중심으로」, 중앙대 석사논문, 2001.

이아람찬, 「교육영화란 무엇인가: 교육영화의 개념과 수용」, 『씨네포럼』 22호, 2015.

현승훈, 「영상물 관람 등급 분류에 따른 수용자인식유형에 관한 연구: 청소년 관람규제 등급의 영상물을 중심으로」, 『씨네포럼』, 22호, 2015.

BFI, Film Literacy, London: South Bank, 2015.

Fossey, Richard, 'Censorship: Who Controls School Curriculum and Teaching Materials?,' Ed. Larry W. Hughes. Current Issues in School Leadership, London: Routledge, 2005.

연합뉴스. [https://www.yna.co.kr/view/ AKR20170823161400051].

영상물등급위원회. [https://www.kmrb.or.kr] .

영화 및 비디오물의 진흥에 관한 법률. [http://www.law.go.kr/lsInfoP.do?lsiSeq=172258&efYd=20150622#0000].

청소년 보호법. [http://www.law.go.kr/lsInfoP.do?lsiSeq=180837#0000].

IMDB. [http://www.imdb.com/title/tt0364569/ parentalguide?ref_=tt_ql_stry_5].

LA Times. [http://articles.latimes.com/2000/mar/07/local/me-6380].

Netmums. http://www.netmums.com/coffeehouse/children-parenting-190/primary-school-age-4-11-years-60/469

535-year-6-teacher-wants-show-pupils-12a-film-all.html].

NY Times. [https://www.nytimes.com/1996/02/18/movies/
i-will-not-show-r-rated-films-in-school-i-will-not.html].

SFGATE. [http://www.sfgate.com/bayarea/article/RESTRICTED
-Parents-object-as-kids-watch-2956245.php].

나오는 글

국내에서 영화교육이 정규과정에 처음 도입된 것은 1953년 서라벌예술대까지 거슬러 올라갑니다. 이전에도 영화교육이 있었지만 모두 비정규과정이었습니다. 실례로, 1924년 조선배우학교, 1927년 조선영화예술협회, 1928년 조선문예영화협회 등에서 산발적으로 영화교육이 진행되었습니다.

1990년대 이후 한국 영화산업이 비약적으로 발전하게 됩니다. 이렇게 한국영화가 두각을 보이게 된 여러 요인 중에서 영화교육도 결코 빠질 수 없습니다. 그동안 체계적인 영화교육을 통해 전문인을 양성해왔기 때문입니다. 한국영화아카데미를 비롯한 수많은 교육기관에서 양질의 영화교육을 제공해왔다는 것은 부정할 수 없는 사실입니다.

이처럼 한국 영화계는 그동안 전문 영화인을 양성하는 교육에 치중해왔습니다. 1950년대부터 보편적인 영화교육을 시작했던 영국이나 프랑스와 달리 한국에서는 일반인이나 초·중등 학생들이 영화교육을 받을 기회는 매우 제한적이었습니다. 이것은 영화교육을 전문인 양성 과정으로만 인식했기 때문이었죠. 이제 영화가 더는 전문가만을 위한 전유물이 아니듯 영화교육도 더는 특정인만을 위한 교육에 머물러서는 안 됩니다. 그동안에는 예술계열이나 특성화 고등학교에서만 영화교육을 제공해왔고 일반 초·중등 학생들을 위한 영화교육은 없었습니다. 하지만 이런 경향은 2004년 이후로 빠르게 변화하고 있으며, 현재 일반 학생들을 대상으로 하는 학교 영화교육은 두 기관에 의해 주로 이루어지고 있습니다.

먼저, 일반 초·중등 학생들을 대상으로 하는 최초의 학교 영화교육인 한국문화예술교육진흥원의 교육 프로그램이 있습니다. 이를 통해 그간의 전문가 중심 교육에서 벗어나 영화교육의 대상을 획기적으로 확대하는 계기를 마련했습니다. 지난 2004년부터 매년 200여 명의 예술 강사가 400여 개의 학교에서 학생들과 함께 영화를 공부하고 만들고 있습니다.

한편, 영화진흥위원회는 2019년부터 초등학생을 대상으로 한 영화교육 중점학교를 운영하기 시작했습니다. 영화진흥위원회에 따르면, 중점학교의 사업 목적은 학생들의 인성발달 및 창의력 개발을 위한 영화교육으로서 미래 영화 관객 개발 및 영화산업의 지속성 강화에 목표를 두고 있습니다. 그리고 2015 개정교육과정의 미래 사회 청소년 핵심역량을 함양하기 위한 초등학생 대상 영화 리터러시 중심의 영화교육을 언급하고 있습니다.

이러한 흐름은 영화교육의 대대적인 패러다임 전환이라고 할 수 있습니다. 그동안 전문가 양성에만 치중했던 영화교육에 대한 반성과 함께 영화교육의 대상에 대한 제한이 완전히 없어지게 되었습니다. 즉, 영화교육이 선별적 교육에서 보편적 교육으로 전환을 이루게 된 것입니다.

사실 일반인을 위한 영화교육은 영화 리터러시를 중심으로 이루어지게 됩니다. 영화 리터러시는 문해력처럼 영화에 대한 이해와 창작 능력을 중심으로 한 영화교육입니다. 여기에서 우리가 주의 깊게 생각해야 할 점은 영화교육이 영화만을 가르치는 교육이 아니라는 것이죠.

영화교육은 영화를 비롯한 다양한 플랫폼에서 제공되는 이미지와 영상을 함께 다루는 매우 폭넓은 교육입니다. 예를 들면, 영화, TV, 애니메이션, 웹툰, 앱, 유튜브 등이 모두 영화교육에 포함됩니다. 이를 위해 카메라, 스마트폰, 컴퓨터, VR, 드론, 3D 프린터 등 다양한 디바이스를 수업에 활용하게 됩니다. 이것은 영화의 탄생 이후 매번 새로운 기술의 도입에 따른 결과이죠. 영화와 기술은 떼려야 뗄 수 없는 관계가 된 것입니다.

그동안 영화는 시대에 따라 컬러, 사운드, 3D, 디지털 등 기술적 발전에 따라 새로운 기술을 부단히 흡수해왔습니다. 영화는 아날로그라는 올드미디어에서 출발했지만, 결국 디지털 기술의 발전으로 다양한 뉴미디어와 함께 새로운 형태의 플랫폼과 콘텐츠를 적극적으로 수용하고 있습니다. 따라서 영화교육의 범위는 나날이 넓어지고 있지만 이러한 모든 과정을 예술적 창작 활동으로 인식하고 있습니다. 이제 제4차 산업혁명과 인공지능 시대를 대비하기 위해 학교 현장에서 영화교육의 확대를 새롭게 고민할 시점입니다.